図解 授業・学級経営に成功する6年生の基礎学力

無理なくできる12か月プラン

監修：学力の基礎をきたえどの子も伸ばす研究会
著　：岸本ひとみ

フォーラム・A

本書の構成と特長

構成◎１年間の見通しをもって

1．子どもの発達をふまえて、１年間を月ごとに分けています。
2．各月を読み・書き・計算（算数）・学級づくりの四つのテーマで分けています。
3．四つのテーマに取り組む時期を月ごとに提案することで、
　• 基礎学力づくりに**１年間の見通し**をもって取り組むことができます。
　• **各月**の重点課題がわかり、**優先順位**を決めることができます。
4．右ページでは、イラストや使用する教材・プリント・資料などで**図解**しています。
　• 実践の順番やポイントが一目でわかります。
　• 教材・教具のつくり方がわかります。
5．四つのテーマのほかにも、執筆者の「おすすめの実践」を載せています。
6．巻末には、コピーしてすぐ使えるプリントや読書カードなどを掲載しています。

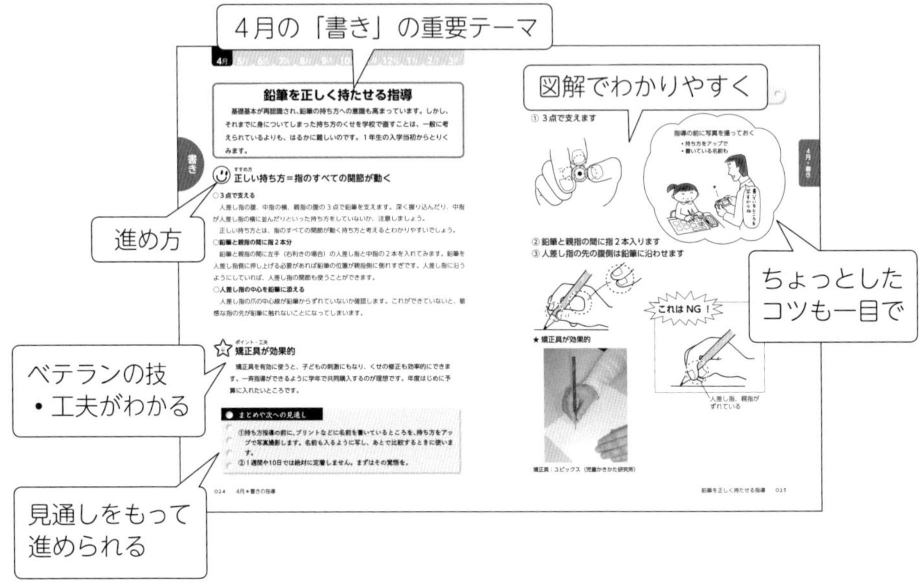

こんなときに◎ベテラン教師の技に学ぶ

1．時間がたらない、でも読み・書き・計算の力をしっかりつけたい。
★毎日の授業はじめの５分や給食準備のすきま時間など、短い時間を積み重ねて基礎学力をつける効果的なやり方がわかります。

2．重要単元・重点教材を学習するときに役立つ情報がほしい。
★いつどんな準備をしたらよいか、授業全体を通して留意することは何かがわかります。

3．学力づくりを学級経営の柱にしたい。
★みんなで協力し合って学力をつけていくやり方がわかります。子どもたちは伸びが実感でき、温かいゆとりのある学級文化が育ちます。

巻末のプリント、テンプレートはすべてコピー・フリー

はじめに◎「学び」は子どもたち一人ひとりのものに

さまざまな教育課題にこたえる基礎学力

ある経済誌で、小学校教師への調査で2000人のうち61％が「今の子どもたちに身につけさせたい力や育成したいもの」として「基礎的、基本的学力」と答えた、という記事を見つけました。

学校教育の課題は多く、重点が大きく揺れることも少なくありません。「ゆとり教育」から「学力向上」に教育目標が転換されたり、「課題解決型学習」「英語教育」「道徳教育」と次々に研究テーマが提起されたりします。そうした変化や提起と、目の前の子どもたちの課題との間で教師たちが最も懸念しているのが「基礎学力」だと、この調査結果は示しています。

私たち「学力の基礎をきたえどの子も伸ばす研究会」は、「読み書き計算」の基礎学力をテーマに研究を重ねてきました。授業づくり、学級づくりも基礎学力の定着・伸長とセットに捉え、堅牢な基礎学力の上にこそ豊かな授業や学級の華が咲くと考えています。

時代とともに新しい授業技術・教育技術が開発されます。それが優れたものであるかの評価は、学びの主人公である子どもたちが成長することでしかできません。「教科書が読める」「文が書ける」「計算ができる」、これら当たり前のことを一人ひとりの子どもができて「課題解決型学習」や「協働学習」も成果があがります。

子どもを育て、学級を育て、授業をつくる基礎学力

基礎学力をつける実践は、教科内容とは一見離れているように思えるのでつい後回し、という声も聞かれます。しかし実は、教育課程にそった目標を達成させる近道でもあります。それは、

- 大がかりでなく、毎日の短時間の積み重ねでできます。
- 特別な教材教具の必要がなく、今からでもすぐに取り組めます。
- 成果が目に見えるので、子どもに自己肯定感が育ちます。
- みんなで賢くなる実践・取り組みなので、温かな学級文化が育ちます。

読み書き計算の基礎学力づくりは、それらの力とともに、子どもに根気強く、粘り強くやり続ける心性を育て、総合的・創造的に物事を考えていける力をつけます。これらは、将来にわたって子ども一人ひとりの揺るがぬ根となり、支え続けることでしょう。

本書をお使いいただき、ぜひ今日から基礎学力づくりに取り組んでみてください。あらたな発見がたくさんあるでしょう。

2016年２月　著者を代表して

学力の基礎をきたえどの子も伸ばす研究会　常任委員長

図書　啓展

学力・学級づくり年間計画表（例）

	4月	5月	6月	7月
重点	**1学期** 読み書き計算のさかのぼり指導のなかで、最高学年としての自覚をもたせ、学習規律を整える。			
読む力	・音読の指導（巻頭詩の指導）…… ・物語文の指導	・リズム漢字 ・説明文の読解指導	・音読会 ・読書指導1 2万ページへの旅	
書く力	・新出漢字の指導 ・漢字確認テスト	・ローマ字入力 ・歴史新聞づくり	・短歌や詩をつくる ・説明文・レポートを書く	・漢字確認テスト ・読書感想文
計算	・計算さかのぼり指導…… ・マス計算	・穴あき九九 ・わり算A型	・３桁±３桁	・３桁×１・２・３桁の筆算 ・まとめ
	・計算実態調査	・分数かけ算 ・分数わり算	・体積の公式	
学級づくり	・学級開き ・授業開き（社会科） ・学習ルールの指導 ・家庭学習の指導	・体ほぐし運動（壁倒立）	・６月危機をのりこえる ・予習の習慣づくり（社会科）	・子ども面談

9月	10月	11月	12月	1月	2月	3月
2学期 行事に追われがちななかでも、基礎を大切にした取り組みを継続していくことで、落ち着いた学級づくりをめざす。				**3学期** 卒業に向けて、下学年の総復習と仕上げに取り組み、自信を胸に中学へ。		
・古典を読む	・書評交換会 ・百人一首に親しむ	・百人一首（源平戦） ・音読会（表現読み）	・音読・群読の仕上げ（呼びかけ）			・日本国憲法前文暗唱
	・修学旅行新聞 ・リズム漢字で総復習（5・6年）			・予習ノート（国語） ・リズム漢字で総復習（3・4年）	・文集作成（Wordを使って） ・漢字総復習（プリントを使って）	・漢字総復習（全員100点で卒業を）
・再スタート	・÷2桁の筆算	・わり算C型	・わり算C型100問	・単位換算の習熟		
・単位あたり量 ・田型の図				・予習の指導（算数）		
	・11月危機をのりこえる			・学年百人一首大会 ・大縄大会	・2月危機をのりこえる	

もくじ

凛々しくがんばる６年生

最高学年としてのプライドを大切に

６年生を担任すると決まったあなた。「大変だなぁ…」と感じられたでしょうか。でも、少しの工夫でいろいろなことができるのが６年生のよさです。「この先生は、自分たちのことを真剣に考えてくれている」と感じたら、意外と素直に応えてくれるという面があります。何しろ経験値は大人と同じぐらいになっているのですから。

「最高学年として」をまくら言葉に使うことも大事です。プライドをくすぐることで、納得する部分も大きいのも、この学年の特徴です。

さかのぼり指導で自信をつける

学力づくりでは、下の学年でついた差を上半期で少しずつ縮めるような取り組みが必要です。なかには、自信をなくしてしまって開き直った態度を取る子ども、いつも不安そうで落ち着かない子どももなどもいます。

その子どもたちに自信を取り戻させることが、学級づくりへの一番の早道です。とくに、６年生では計算のさかのぼり指導が有効です。４年生と５年生は新しい学習内容が多く、ほとんどの子どもが、理解も習熟も中途半端なまま、時間切れで６年生に上がってきているのが実情です。

そこで、クラス全体で、２年生ぐらいの内容から「計算さかのぼり指導」に取り組み、つまずいていた部分を少しずつ補強していきます。そのなかで、逆転現象を意図的に起こして、それをてこにして「努力すれば必ず伸びる」ことを確信させていきます。そのことが、担任への信頼を築くことにもつながります。

中学に向けての取り組みを

２学期以降は、中学を意識した取り組みを少しずつ指導していきます。小中連携といわれ、出前授業があったり、中学の生徒会役員からオリエンテーショがあったりしますが、学習についての不安は大きいものです。予習・復習のやり方を少し指導しているだけでも、うまく順応していける子どもも多いのです。小学校だけで完結するのではなく、つなぐということも大切にします。

巻頭詩の音読指導◎国語の授業開き

学年はじめの１時間目の授業は国語がおすすめです。行事の準備などに追われて、なかなか45分間落ち着いて学習が進められないのが最高学年の悩み、短時間でできる教科書の巻頭詩を取り上げて、音読の基礎を指導します。

すすめ方

教師の音読がポイント

○下読みは丹念に

子どもたちも、先生の音読はどうだろうと固唾をのんで見つめています。下読みをきちんとして、自分なりの解釈でゆっくりと朗読します。標準語でなくてもけっこう、自信をもって、ゆったりと読むことが子どもたちの安心感へとつながります。

○まずは連れ読みから

６年生だからといって、範読のあとすぐに一斉音読に入ってはいけません。音読の苦手な子どももいますし、全員が声を合わせることの心地よさも味あわせたいので、一行ずつの連れ読みからはじめます。

○行ごと、連ごと、の交代読みへ

声がそろってくれば、詩の連ごとの交代読みへ。男女交代、座席順、前後など、いろいろと組み合わせを変えてたっぷりと音読させます。

ポイント・工夫

最後は一斉音読で盛り上げる

クラス替えで緊張していた雰囲気も、交代読みをくり返して音読が上手になるにつれ、ほぐれてきます。そして、最後には全員で一斉音読をして盛り上がったまま授業を終えます。

まとめや次への見通し

○一斉音読後の教師の評価も考えておきましょう。
「すばらしい、自分に拍手!!」というのが定番です。
○ここで、読みの不安な子どもをチェックしておきましょう。

がもたらす爽快感で１年間のスタートを

① 授業開きのタイムテーブル

10分　範読（規律を含む）
5分　連れ読み
5分　交代読み
15分　交代読みバリエーション
　　　（列、男女、班、ペア）
5分　指名読み
5分　仕上げの一斉音読

② 交代読みのバリエーション

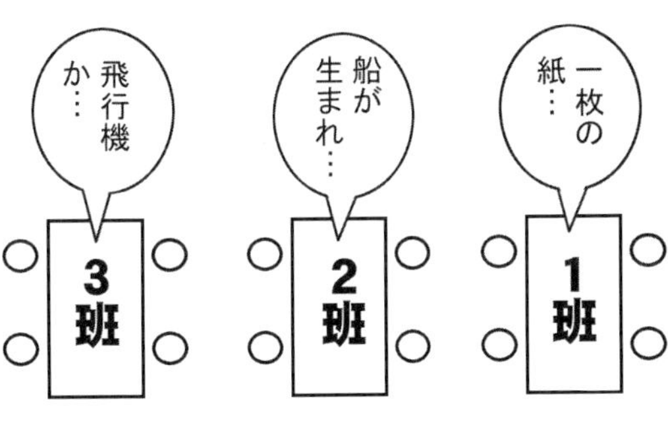

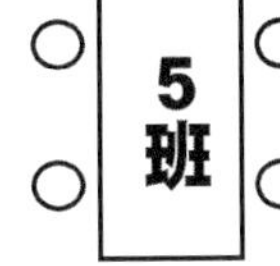

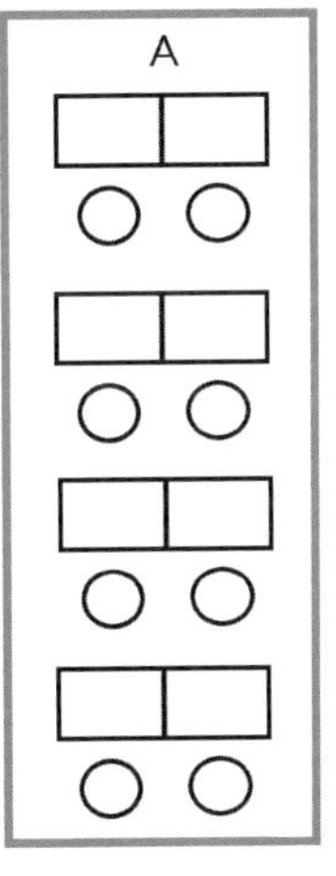

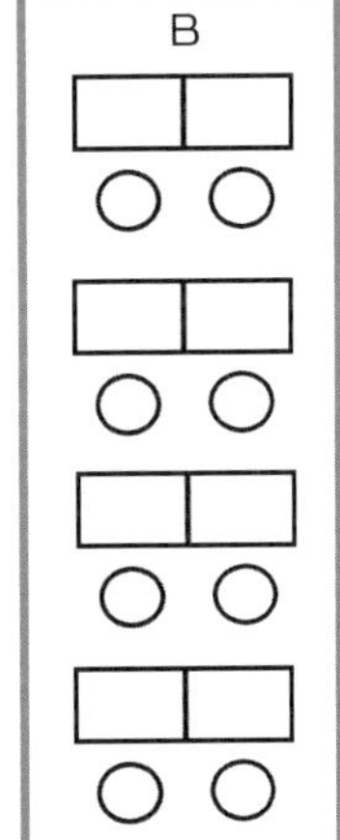

ハイ、A！
ハイ、B！

ポイントは（リズムよく）テンポよく交代させること！
教師の指示を聞いていないとついてこれない
くらいのテンポで。

物語文の指導１◎音読を完成させる

国語の教材では最初に物語文を扱う教科書が多いです。ここで、読解指導の基本形を身につけさせます。思春期の子どもたちが感情移入しやすい題材がほとんどですから、少し時間をかけてやっておくと、同じパターンの応用で１年間読解指導を進めることができます。

すすめ方

音読は読解の基礎

○３時間で全員音読できるようにする

最初の物語文です。連れ読みから入り、交代読み、句点読みなどで飽きさせずに、全員が音読できるようにしてから、読解指導に入ります。それは音読ができないということは、読解もできないということだからです。

○難語句はその場で調べさせる

難語句は、常に手元に国語辞典をおいておくようにして、その場で調べるようにします。同じ言葉を何度調べてもＯＫです。辞書をひくスピードをつけることも大事です。

○場面分けはキーワードを提示する

時系列、登場人物、風景などのキーワードを示して、場面分けをさせます。キーワードを自分たちで見つけられれば、なおよいのですが、なかなか出ません。全員が話し合いに参加するには、教師が提示する方がうまくいきます。

ポイント・工夫

授業時間の配分を変える

最初の時間は、教師の範読と初発の感想、残りの時間は連れ読み。次は、音読練習が30分と、難語句指導というように、時間配分を変えながら毎時間必ず音読が入るようにします。

まとめや次への見通し

○教材文は、まず音読できるように指導しておきます。最低でも１週間ぐらい前には、音読をはじめます。音読こそすべての基礎になります。

○場面分けのキーワードは、次の教材からは自分たちで見つけられるようになっていきます。

物語文の指導は音読から

◎国語辞典を用意させる

ココに入れて
おくとよい。
ペーパーバッグ

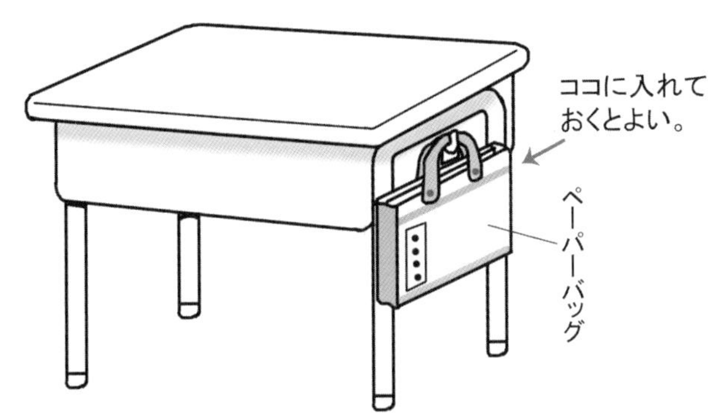

国語辞典
読書の旅カード
読みかけの本

◎教材研究ノート（授業計画ノート）

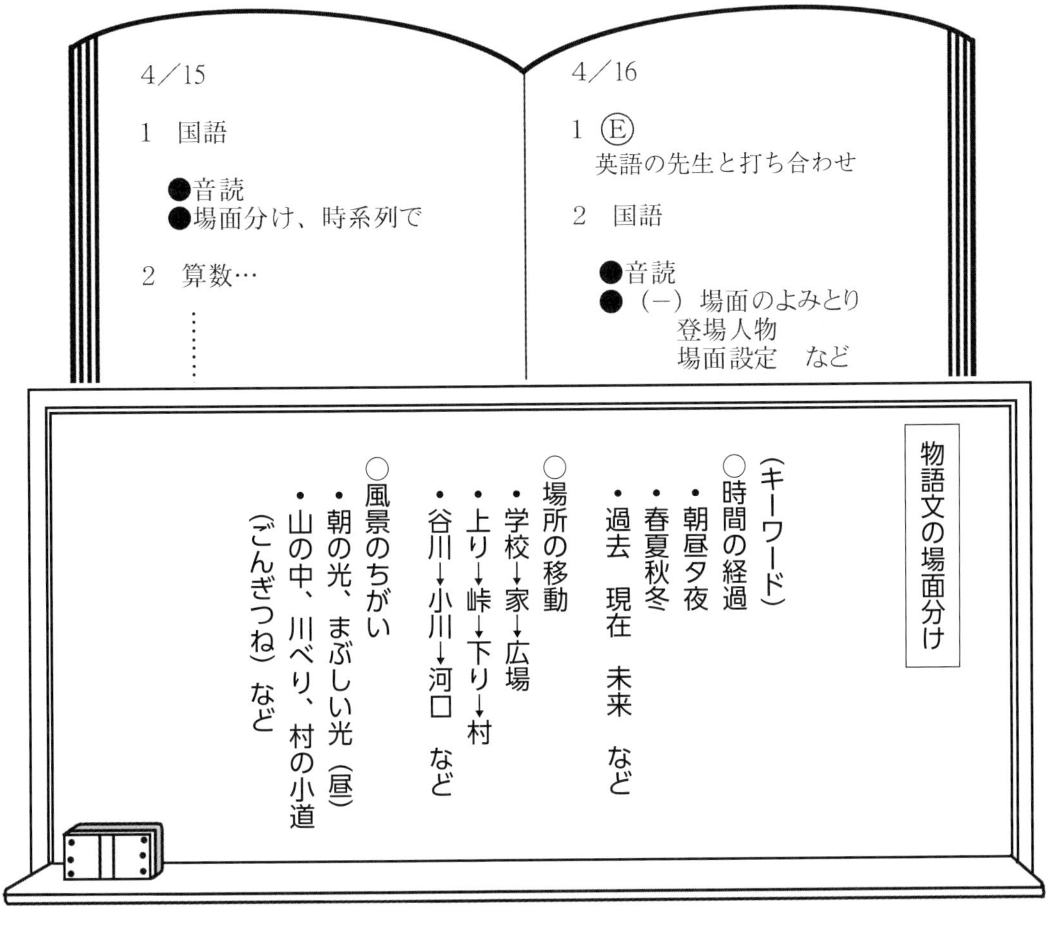

4／15
1　国語
●音読
●場面分け、時系列で
2　算数…
4／16
1　Ⓔ
英語の先生と打ち合わせ
2　国語
●音読
●（一）場面のよみとり
登場人物
場面設定　など
物語文の場面分け
（キーワード）
○時間の経過
・朝昼夕夜
・春夏秋冬
・過去　現在　未来　など
○場所の移動
・学校→家→広場
・上り→峠→下り→村
・谷川→小川→河口　など
○風景のちがい
・朝の光、まぶしい光（昼）
・山の中、川べり、村の小道
（ごんぎつね）など

物語文の指導２◎読み取り

主人公の心情に沿って読み深めていきます。音読ができるようになったら「書きこみ指導」をはじめましょう。教科書に書きこむことによって、全員が授業に参加するという構えができます。

すすめ方
書きこみがおすすめ

○ルールを決める

二重線は登場人物の気持ち、波線は疑問点、というようにクラスでのルールを決めて、教科書の行間に書きこんでいきます。

○最初は授業として一斉指導で

記入のルールを決めても、なかなかできない子どももいます。慣れるまでは授業中に、一斉指導で進めていくとよいでしょう。一斉にすると、友だちの書きこんだことに触発されて書くという現象も生まれてきます。

○お互いの書きこみを交換すると効果的

一斉指導の次の段階として、ペアやグループで、書きこみしたものを交換する時間を設定します。この場合は、家庭学習の課題としたものを交換するとよいでしょう。共通のテーマなので比べたり参考にしたりしやすいのです。

ポイント・工夫
書きこみを元に授業を組み立てる

この方法に子どもたちが慣れてくれば、教師は家庭学習で書きこんだものを点検して、次の時間の授業の組み立ての参考にします 。子どもたちの解釈が分かれる部分、教師が読み取ってほしいと考えていることと、子どもの書きこみのギャップがある部分を中心に発問のポイントとしていくようにします。

まとめや次への見通し

○年度はじめに書きこみの指導をしておくと、次の題材のときにもそのままいかせます。学期に１つか２つのペースで物語文が出てきます。少しずつ書きこみのレベルも上がっていきます。

書き込み指導で全員参加の読解授業

① ルールを決める

言葉の意味

わたしの疑問

登場人物の気持ち

「先生に見つかったのは、そのせいだよ。」
「あんなときに、ゲーム機なんか見せてさ。」
「おれは前から、そんなタケルが気になってたんだ。」
いかりの持っていき場が見つかったとばかりに、クラスのみんなは、タケルにきびしい言葉をぶつけてきた。
（あのとき、ゲームをして遊んだのはおれだけじゃない。先生は前から知っていたんじゃないのか。新型ゲーム機を見せたことと、ほんとうに関係あるのか。）
そんな言い訳など押しつぶされそうな雰囲気に、タケルはだまるしかなかった。

② 書きこみのいかし方

新出漢字の指導

６年生といえども、新出漢字の指導はていねいにしなければなりません。１日に２文字から３文字をめやすに毎日指導していきます。簡単なミニテストもいっしょにシステム化して、スムーズに進行させます。

すすめ方

国語の教材進度とは別に進める

教科書の進度と新出漢字学習の進度がずれることを前提に進めます。

○最初はていねいに

４月はじめは、漢字ドリルを教材に、空中書き、指書き、音読み・訓読み、熟語、文づくりをセットにして、やり方をていねいに指導していきます。とくに筆順の難しい漢字以外は、やり方が定着したら子どもたちに順に先生役を任せて進めていきます。事前にそれぞれ担当する漢字を振り分けて予告しておきます。

○家庭学習にまわす漢字も

慣れてくれば、授業のなかで指導するのは、筆順、読み方にとどめ、熟語、文づくり、書きの練習といった残りの学習は毎日の家庭学習の課題にして進めることもできます。

○ミニテストもドリルを使う

漢字ドリルで新出漢字を教科書単元ごとに学習し終えたら、ミニテストします。

漢字ミニテストは10問テストの枠のみをつくって、漢字ドリルの問題を使います。こうしておくと、毎回問題を考える必要がありません。「ドリル27の前半①から⑩をテスト」というようにすると時間の短縮にもなります。（詳細は次項「漢字ミニテスト仕方」参照）

ポイント・工夫

ミニテスト合格でシールをゲット!!

難しい熟語の出ているページのテストは、意図的に何度もテストをします。同じ漢字ミニテストで何回合格シールをゲットしてもよいことにします。目的は、苦手な子どもの練習量を増やし、習熟をはかることなのですから。

まとめや次への見通し

○２学期と３学期は教科書の新出漢字が少ないので、新出漢字学習のペースを守れば、２学期の後半には漢字復習のための時間、３学期には習熟のための時間を確保することができます。

漢字ドリルを使って効率的に力をつける

4月はじめ、新出漢字学習の進め方が
定着するまで教師が指導します。
教材：漢字ドリル
空中書き→指書き→音読み・訓読み→
熟語・文づくり

① 子どもが先生役になって進める

- 担当する漢字を予告しておく。
- 慣れてくれば、
  学校　筆順、読み
  家庭　書き、熟語・文づくり

平成21年　2009年
4　子どもが進める新出漢字予定カレンダー

日	月	火	水	木	金	土
	1 先勝	2 友引	3 先敗	4 仏滅	5 大安	6 赤口
予定の漢字と当番を学期末分まで書いておく。終わりの会で２日先まで予告。			10 仏滅	11 大安	12 赤口	13 先勝
14 友引	15 先敗 ・位(伊藤) ・置(井上)	16 仏滅 ・関(遠藤) ・民(大島)	17 大安 ・法(奥野) ・的(尾山)	18 赤口 ・億(梶村) ・兆(くら田)	19 先勝 ・府(志田) ・郡(高島)	20 友引
21 先敗	22 仏滅 ・・・・・ ・・・・	23 大安 ・・・・・ ・・・・	24 赤口 ・・・・・ ・・・・	25 先勝 ・・・・・ ・・・・	26 友引 ・・・・・ ・・・・	27 先敗
28 仏滅	29 大安 ・・・・・ ・・・・	30 赤口 ・・・・・ ・・・・				

② 漢字ミニテストで習熟をはかる　フォーマットを用意しておくと便利

漢字　ミニテスト　６年

⑩	⑨	⑧	⑦	⑥	⑤	④	③	②	①	名前

漢字ミニテストの仕方

6年生の新出漢字は181字です。中学年に比べて数が少ないとはいえ、きちんと読んで書けることが必要です。そのためには、こまめにテストをくり返すことが一番効果的です。単元ごとにミニテストを実施し、学期末にも市販テストを使って、確認テストをするとよいでしょう。

すすめ方

10問テストをくり返す

○テスト問題は漢字ドリルを使う

漢字ドリルの漢字かな交じり文は、読みと視写のために使い、ひらがなページは漢字テストの問題として使います。1ページに20題の半分の10問を1回のテスト問題とするのです。こうすると問題を作成する手間が省けます。(前項参照)

○5分でテスト即、採点と直し

テスト範囲は教師があらかじめ予告しておき、予習することも求めます。テスト時間は5分以内、終わったら漢字かな交じり文を見て各自が採点します。まちがいはすぐに直させ、次回テストに備えさせます。送りがなもすべてチェックして採点します。このときに、教師はまちがいの多い問題にチェックを入れて、後のミニテストで再度出題したりします。

○定着度を見て問題を選ぶことも

覚えにくい漢字については、教師が意識して何回も問題として出します。日によって、ドリルの20題のなかで奇数番の問題にするとか、1番から8番までと11番と17番というように問題を指定して変化させながら覚えにくい漢字を定着させていきます。

ポイント・工夫

漢字習熟に近道はなし

漢字も計算と同様、毎日コツコツと練習しないとすぐに忘れてしまうものです。継続は力、と考えてこまめにテストをしましょう。

まとめや次への見通し

○市販テストを使った学期末の確認テストは、はじめに「うそテスト」と称して、一度目のテストをします。このときに、教師は一定の評価は出してしまいますが、子どもたちには「本テストは後日」といって、同じ問題で練習を継続させます。できるだけ満点に近づけようとの意欲づけになります。

漢字テストをくり返して定着・習熟をはかる

① 教科書の１単元の新出漢字学習が終ったら、ミニテストをする

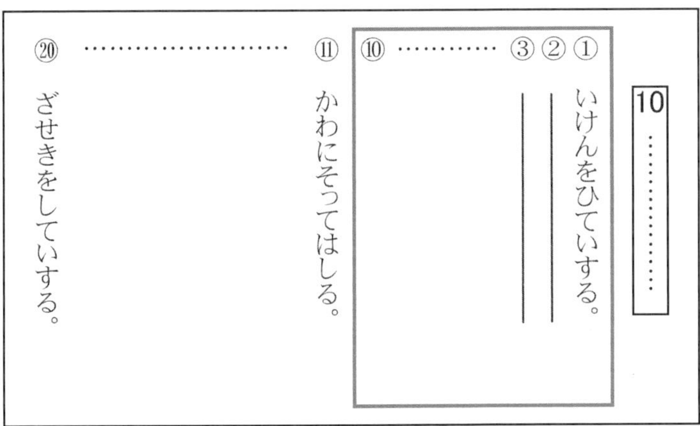

② 問題に変化をつけて、覚えにくい漢字を定着させる

③ 学期末は市販テストを活用

④ ２学期10月から「リズム漢字」を使って６年間の総復習（32ページ参照）

計算力実態調査

わり算の苦手な子どものつまずきは、ほとんどの場合くり下がりのひき算が遅くて不正確だからです。６年生だからこそ、下学年の計算力を調べて、クラス全体としてさかのぼり指導を進めていかなければなりません。

すすめ方

学年はじめに必ず実態把握を

○２日間に分けてテストを

問題は５枚あります。１時間でできる量ですが、苦手な子どもにとってはなかなか大変なことです。１年～３年で１日、４年・５年で１日というように２日間でテストをします。

○データはきちんと記録する

エクセルの表に、どの学年のどの問題でつまずいているかを記録していきます。できれば、同じ問題で、２学期、３学期とくり返し実態調査をすれば、伸びがよくわかって、教師自身の励みにもなります。

○満点の子どもは少ない

最近の教科書では、練習問題の量が極端に少なくなっています。４年のわり算の筆算（÷２桁）、小数の乗除算、分数計算などの正答率を見ていくと、これらの計算に習熟していないのがよくわかります。

ポイント・工夫

不正確なままでは大変

たかが計算と思いがちですが、中学校の理科や社会科で、濃度計算、人口密度計算などのときに、とんでもないまちがいをすることにつながってしまいます。

まとめや次への見通し

○年間計画表にあるように、少しずつさかのぼり指導をしていくことで、計算力がついていきます。あせらず、継続は力、と考えて時間を設定していきます。

◎2日間に分けて取り組む計算力実態調査

1日目

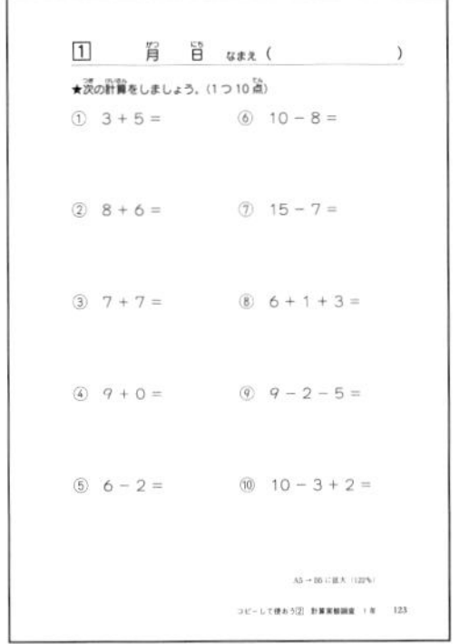
1　月　日　なまえ（　　　）
★次の計算をしましょう。（1つ10点）
① 3 + 5 =　⑥ 10 − 8 =
② 8 + 6 =　⑦ 15 − 7 =
③ 7 + 7 =　⑧ 6 + 1 + 3 =
④ 9 + 0 =　⑨ 9 − 2 − 5 =
⑤ 6 − 2 =　⑩ 10 − 3 + 2 =
コピーして使おう② 計算実態調査 1年　123

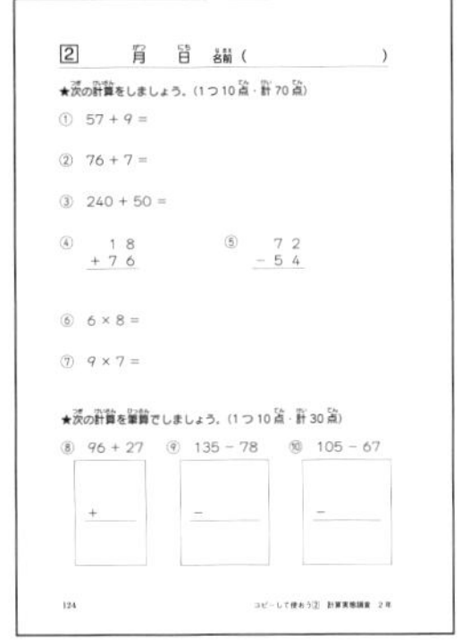
2　月　日　名前（　　　）
★次の計算をしましょう。（1つ10点・計70点）
① 57 + 9 =
② 76 + 7 =
③ 240 + 50 =
④ 18 + 76　⑤ 72 − 54
⑥ 6 × 8 =
⑦ 9 × 7 =
★次の計算を筆算でしましょう。（1つ10点・計30点）
⑧ 96 + 27　⑨ 135 − 78　⑩ 105 − 67
124　コピーして使おう② 計算実態調査 2年

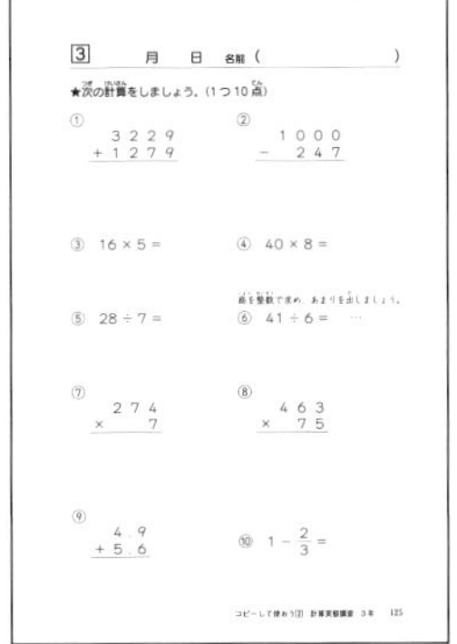
3　月　日　名前（　　　）
★次の計算をしましょう。（1つ10点）
① 3229 + 1279　② 1000 − 247
③ 16 × 5 =　④ 40 × 8 =
⑤ 28 ÷ 7 =　⑥ 41 ÷ 6 = …（商を整数で求め、あまりを出しましょう。）
⑦ 274 × 7　⑧ 463 × 75
⑨ 4.9 + 5.6　⑩ $1 - \frac{2}{3} =$
コピーして使おう② 計算実態調査 3年　125

2日目

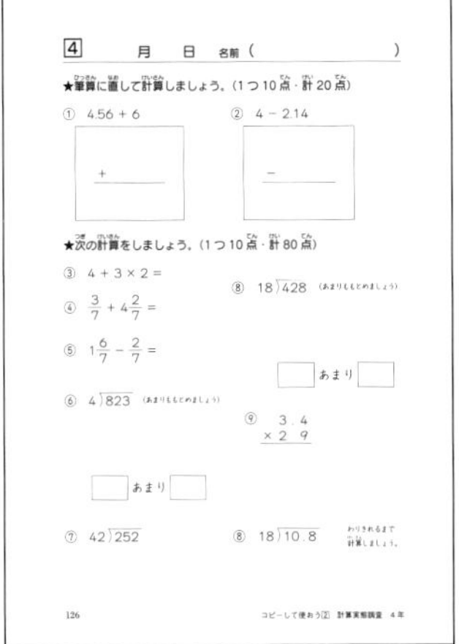
4　月　日　名前（　　　）
★筆算に直して計算しましょう。（1つ10点・計20点）
① 4.56 + 6　② 4 − 2.14
★次の計算をしましょう。（1つ10点・計80点）
③ 4 + 3 × 2 =
④ $\frac{3}{7} + 4\frac{2}{7} =$
⑤ $1\frac{6}{7} - \frac{2}{7} =$
⑥ 4)823（あまりももとめましょう）　□あまり□
⑦ 42)252
⑧ 18)428（あまりももとめましょう）　□あまり□
⑨ 3.4 × 2.9
⑧ 18)10.8（わりきれるまで計算しましょう。）
126　コピーして使おう② 計算実態調査 4年

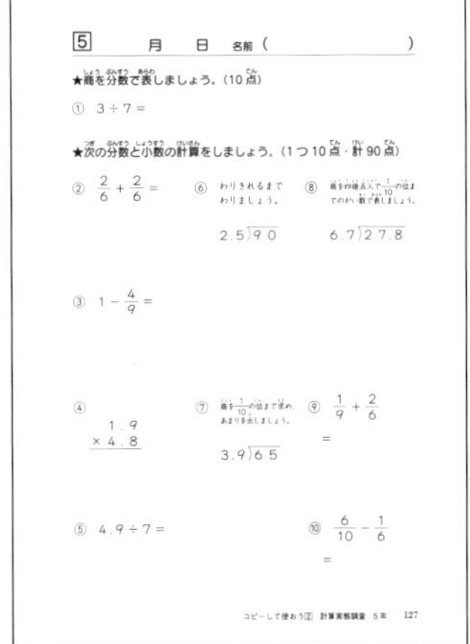
5　月　日　名前（　　　）
★商を分数で表しましょう。（10点）
① 3 ÷ 7 =
★次の分数と小数の計算をしましょう。（1つ10点・計90点）
② $\frac{2}{6} + \frac{2}{6} =$
③ $1 - \frac{4}{9} =$
④ 1.9 × 4.8
⑤ 4.9 ÷ 7 =
⑥ わりきれるまでわりましょう。　2.5)90
⑦ 商を$\frac{1}{10}$の位まで求め、あまりを出しましょう。　3.9)65
⑧ 商を四捨五入で$\frac{1}{10}$の位までのがい数で表しましょう。　6.7)27.8
⑨ $\frac{1}{9} + \frac{2}{6}$ =
⑩ $\frac{6}{10} - \frac{1}{6}$ =
コピーして使おう② 計算実態調査 5年　127

（巻末にあります）

◎データを記録分析

	4年・5年																		
	①小数のたし算	②小数のひき算	③整数の計算	④分数のたし算	⑤分数のひき算	⑥わり算筆算（÷1桁）あまり	⑦わり算筆算（÷2桁）わり切れ	⑧小数÷整数（わり進み）	⑨かけ算筆算（小数）	①整数÷整数（商を分数にする）	②同分母分数のたし算	③整数ひく分数	④小数×小数	⑤小数÷整数	⑥整数÷小数（わり進み）	⑦整数÷小数（商とあまり）	⑧小数÷小数（商とあまり）	⑨異分母分数のたし算	⑩異分母分数のひき算
名前																			

計算さかのぼり指導１◎マス計算

計算力実態調査の結果から、２年生や３年生でつまずいていることがわかりました。そこで、算数の時間の最初の５分間をさかのぼり指導にあて、下学年でのつまずきを少しずつ克服していきます。

すすめ方

昨日の自分と勝負する

○教師への信頼を勝ち取るために

はじめに取り組むのはマス計算です。高学年になると、子どもたちは教師の指導を見ています。「この先生は信頼するにたりる」と意気に感じれば、１年間指導が通りやすいのです。マス計算のよさは、子どもたち自身が自分の伸びを実感できるところにあります。教師への信頼を築くためにも、この時期にやっておきましょう。

○100マスかけ算からスタート

九九は２年生の計算ですが、「侮るなかれ」です。６年生になっても、「6、7、8」の段があやふやな子どももいます。基礎がためをするためにも、マス計算は必要です。しかも、かけ算は暗唱と同じなので、毎日すれば必ずタイムや得点が伸びていきます。

○２週間を１つの区切りと考える

最初に、２週間で次の計算に入ることを宣言しておきます。２週間やっても進歩がなかったら、他の計算を間にはさんで、再度取り組めばいいのです。

ポイント・工夫

３分間でできる量を考える

計算にかける時間は３分、答え合わせと記録が２分と考えて、問題数を増減します。実態に合わせて、50マスでもかまわないのです。３分間で半数ぐらいの子どもができる量を目安にしましょう。(※100マス計算10か条参照)

まとめや次への見通し

○１年間続けることが大切です。はじめはテンポがゆっくりでもかまいません。
○５月からは、３年生のさかのぼり指導に入ることも予告しておきましょう。
○さかのぼり指導の意義を保護者に知らせることもお忘れなく。

1年間、算数授業開始５分間を計算さかのぼりにあてる

① さかのぼり指導の意義を知らせる

4月	計算力実態調査 100マス計算（乗→加→減）
5月	穴あき九九 わり算（あまりなし）
6月	３桁どうしの加減
7月	３桁×１桁（２桁・３桁）
9月	わり算の筆算（÷１桁）
10月	わり算の筆算（÷２桁）
11月	わり算C型
12月	わり算C型（100問）
1月	わり算C型（100問・タイム）

② 100マス計算からはじめる

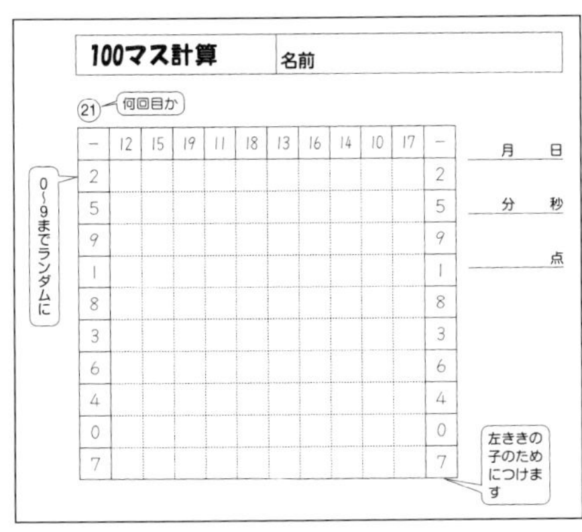

◎100マス計算10か条

1　なぜするのか、どう役に立つのかを納得させる
2　計算が正確にできてからはじめる
3　最初は、無理のない量とタイムで
4　続けて練習する（継続は力なり）
5　タイムをはかり、記録して伸びを確認させる
6　ほめる、はげましの声をかける
7　答え合わせをする
8　早くできた子への配慮
9　読めない字にはバツをつける
10 目標を達成したらやめる

学級開き

始業式の日、教室に入るときから子どもたちとの関係づくりがはじまっています。その日１日の流れを考え、言葉を選んで1年間の抱負が語れるよう準備します。「この先生なら」と思わせたなら、学級開きは成功です。

すすめ方
担任の思いを語る

○教室に入るとき

ドアの前でひと呼吸おいてから、教室に入ります。子どもたちは担任の表情を注視しています。どんなに緊張していても、教室に入ったら、まず子どもたち全員の表情をゆっくり黙って見ます。

○座席を指定する

事前に指示をしていても、新学期特有の落ち着かなさから、めいめい勝手に席に着いていることもあります。氏名順に座るよう指示します。このときは細かい指示はせず、「氏名順に席に座りなさい」といって、待っていればいいのです。

○静かな雰囲気の中で話す

たとえ５分でもいいので、学級経営の方針を話す時間を確保します。去年のことはリセットしたいと思っている子どもたちに、学力づくりの実践と１年先の子ども像を語ります。

ポイント・工夫
指示は明瞭、簡潔に

「沈黙は金、雄弁は銀」を心がけ、あまり多くの指示を出さないようにします。６年生ともなると、担任がどう出るかを試している部分もあります。指示言語も少し難しいものをあえて使い、半分大人の気分をくすぐります。

まとめや次への見通し

○１日の流れを把握して、余裕のある時間配分をします。
○最高学年という言葉のもつ力を最大限に利用します。

◎６年生の学級開きでは、「沈黙は金、雄弁は銀」

語り　女性用（飛び込みパターン）

あなたたちは、最高学年です。これまでとはちがって、学校の代表として、いろいろな仕事をしなければなりません。ときには、休み時間がなかったり、家で仕事をしたりと、忙しいことがあるでしょう。それでも、やりぬいた喜びは何にも代えがたいものと思います。ともに、がんばりましょう。

語り　男性用（持ち上がりパターン）

君たちは、最高学年です。今年は、この学校の代表、顔として、さまざまな行事の運営や、裏方の仕事をしなければなりません。多少しんどいことはあるでしょうが、低学年の見本となるような態度でのぞんでほしいと思います。私も、これまでとはちがって、君たちには少し厳しい要求をするかもしれません。それは、できると思うからであって、できないことは要求はしません。困ったこと、相談ごとはいつでも受けつけます。いっしょに、実りのある１年間にしていきましょう。

授業開き◎社会科、歴史を学ぶ意義を

12歳ともなると、時間感覚はほぼ大人なみ。歴史を学ぶ意義も少しずつ理解できます。年号や歴史人物の名前を覚えるのが苦手という子どもにも、学ぶ意義が納得できるような授業開きにしましょう。

すすめ方

紙テープを使って46億年

○地球の歴史と人類の歴史を比べる

地球誕生から46億年＝３ｍ（黒板の横いっぱいの長さ）とすると、人類の歴史はどれぐらいになるかを予想させます。答えは約３㎜÷500万年というと、子どもたちからは驚きの声が上がります。よく１年間を46億年とすると、という比較の仕方がありますが、６年生には長さで具体的に示す方がよくわかります。

○人類の歴史と日本の歴史を比べる

人類が３㎜、日本の歴史は0.001㎜（2000年として）なのです。ここまでくると、驚きよりもため息が聞こえてくると思います。

○教師の語りで閉める

最後は、歴史を学ぶ意義を教師の語りで閉めます。「歴史を学ぶことは、よりよい未来を創ることにつながる」を、自分の言葉で子どもたちに語りかければいいでしょう。

ポイント・工夫

自由な発言を保障する

歴史好きな子どもたちは、最初から正解を出そうと考えてしまいますが、ここでは自由な発想で歴史そのものを大づかみにすることを意図しています。ユニークな意見を認め、発言の自由を保障しましょう。

● まとめや次への見通し

○0.001㎜の長さの中の、いろいろな人の生きざまに触れさせることが小学校の歴史学習のねらいです。価値観のちがい、生活様式の変化などに重点をおいて授業を組み立てます。

生命誕生は
ここです
46億年
現在
地球誕生
46億年前
生命誕生
40億年前
では人類誕生は
どこでしょう
予想してみましょう

46億年
現在
地球誕生
46億年前
生命誕生
40億年前
小田さん
川藤さん
井上さん
石田さん

はじめて歴史を学ぶ君たちへ
歴史を学ぶことは、よりよい
未来を創ることです

学習ルールの指導◎はじめの一歩が肝心

学習ルールを整えることは、教師にとっては授業がしやすいクラス、子どもたちにとっても居心地のいいクラスに育てることにつながります。みんなが意見を出しやすいクラスにするということが最も大切です。

すすめ方

6年生でもていねいに説明、確認

○ほめて育てる

学習のルールを整えたいからといって、しかってばかりの減点法では、子どもたちはついてきません。できているところをほめてこそ、心地よく育っていきます。

○一からはじめる

新しいクラスですから、学習のルールも一から確認して整えていきます。クラス替え直後なので、１週間ほどの間は習慣づけと考えて、毎時間ていねいに確認していきます。

○「前はこうやった」に惑わされない

子どもたちも高学年にもなると、自分たちに都合のいいルールを提案してくることもあります。子どもの「え～っ!?、５年生では…」という言葉に惑わされず、「今年は…します」と切り返していきましょう。

ポイント・工夫

教師の立場をはっきりさせる

学習用具は何がＯＫで何がダメなのかなどは、事前に学年で確認して調整しておくことが大事です。そうしたことも含めて学級担任が学習のルールを主導していきます。立つ、座る、発言の語尾は「～です」などは、１日目から徹底させます。

まとめや次への見通し

○学習のルールは、ことあるごとに確認しなければなかなか定着していきません。「100回やれば何とかなる」と考え、気長に習慣づけるようにします。

一人ひとりの学習権を保障する視点から

① 4月1週間の重点項目

- あいさつの仕方
- 発表するときは指名されてから「ハイ」で起立。
- 全員の方を見て発言する。
- 反応しながら聞く。

② たとえば始業のあいさつでは

パターン1

ではははじめましょう。

姿勢を正して、礼。

パターン2

起立、今から○○の
学習をはじめます。
礼。着席。

③ みんなが意見を出しやすいクラスにする

発表者が途中で口ごもってしまっても
クラスの子どもたちには待たせることが
大切です

家庭学習の指導◎できる量を目安に

家庭学習（宿題）は、計画的・意図的に出していきます。１学期は復習が中心になりますが、２学期以降は、中学に向けて予習形式の課題も出していきます。

すすめ方

ねらいを明確にしながら

○学校でやらせてみる

どれぐらいの時間学習が持続するのかを知り、自立してできることと、手助けが必要なことを分けるために、１学期の間は月に１回程度、６時間目を使って学校で宿題をやらせてみます。

○してこなかったら休み時間内に

家庭学習の習慣がついていない子どもが多い場合は、量を調整します。怠けてしていないと感じたときには、「休み時間にすませる。給食までに終わらせなさい」と、厳しくいいます。実際、他の子どもより食べはじめるのが遅くなっても、それは仕方ありません。ここで譲らないことです。

○宿題の意義を説明する

「え～っ。今までこんなに出てなかった」と子どもたちからブツブツ。しかし高学年たるもの、毎日家庭で学習しなければ、前学年で学習したことも忘れてしまうし、新しいことは身につかないことを、３か月間ぐらいはいい続ける必要があります。

ポイント・工夫

してきた子どもは盛大にほめる

してこない子どもを注意したり、休み時間にさせたりも大事ですが、きちんとしてきた子どもを盛大にほめることの方が効果があります。学級通信に学習ノートのコピーを載せたり、終わりの会で紹介したりしていきます。

まとめや次への見通し

○４月と５月の２か月間で、だいたいの子どもが宿題を提出するところまで指導をやりきりましょう。担任の熱意は必ず子どもに伝わります。教師は「どうせ～」とあきらめるのではなく、粘り強く指導していくことが必要です。

◎６年生の家庭学習、基本の内容

４点セット
- 音読か読書
- 計算
- 漢字か作文
- その他

社会科・理科の調べ学習／ローマ字練習／リコーダー練習／自由勉強

６年生では、毎日家庭で学習しなければ、前の学年で学習したことも忘れてしまうし、新しいことも定着しません。

◎４月は学校でやらせてみる

◎毎日することを追求する

- 習慣づいていない子が多い場合←量の調整
- 忘れてきたとき←その日のうちにさせてしまう
  (私の場合は給食の前までに)
- 宿題をしてきたことを学級通信や終わりの会で
  紹介して大いにほめる

班ごとにノートを集め点検する

リズム漢字の音読で前学年までの漢字復習

５年生からはじめます。既習だということ、習ったばかりなので忘れていないという安心感とで、楽しく取り組めるからです。順番としては、５年生、６年生、４年生と進めるといいでしょう。

すすめ方
音読先行で、書き取りは後回し

『リズムでおぼえる漢字学習　小学校全学年』（清風堂書店）を使います。

○まずはリズムよく音読

当該学年の学習漢字を一度に音読させます。最初はふりがな有りです。毎日朝の３分間、給食が早く終わったとき、下校前のすきま時間などを有効に使って練習します。だんだんとふりがな無しへと移行していきます。

○５年生の次は６年生へ

６年生の漢字は先習いの音読先行と考えて、読む練習だけをします。５年生版で慣れているので、６年生に入ってもスムーズにできます。このときもふりがな有りから、無しへと移っていきます。

○スピードを上げて読む

最初はゆっくりていねいに、確認しながらの音読ですが、慣れてくれば思いっきりスピードを上げて読ませることもします。まるで早口言葉のようですが、高学年は意外とできるものです。

ポイント・工夫
苦手な子への配慮

下の学年の漢字といっても、苦手な子はなかなか音読できないこともあります。給食の準備時間、家庭学習での特訓などで、苦手意識をなくしていくことが大切です。

まとめや次への見通し

○１日のうちのどこかで、リズム漢字を音読しているというように習慣化します。このことが、後日の全漢字テストへの布石になります。
○１学期は、書き取りまでを求めるのではなく、音読を中心に進めます。

1学期5年→6年→4年の順で

① ポイントはテンポ 早口言葉のように！

1学期　リズム漢字を使った漢字復習計画

4月	5年　ふりがな有り→無し
5月	6年（読みの先習い） ふりがな有り→無し
6月	4年　ふりがな有り→無し
7月	

② 朝、給食終了時、下校前などのすきま時間を利用する

リズム漢字　5年生

学習漢字 185 字・リズム短文 43

よみ あり

●これから学習するリズム文です。じゅく語（一の ところ）で区切って読みましょう。

1 葉桜一枝美容液
2 観測故障流星群
3 過去現在支出減る
4 個人成績修了証
5 絶賛限定低価格
6 新築快適寄宿舎
7 混雑評判銅版画
8 幹部態度非常識
9 導線災害暴風雨
10 保険経営責任者
11 総理舌先理由述べ

チェック　Tr.12-31

リズム漢字　5年生

学習漢字 185 字・リズム短文 43

よみ なし

●よみ（ふりがな）なしでリズム文を読みましょう。じゅく語（一の ところ）で区切って読むことをわすれずに。

1 葉桜一枝美容液
2 観測故障流星群
3 過去現在支出減る
4 個人成績修了証
5 絶賛限定低価格
6 新築快適寄宿舎
7 混雑評判銅版画
8 幹部態度非常識
9 導線災害暴風雨
10 保険経営責任者
11 総理舌先理由述べ

チェック　Tr.12-31

両面印刷しておく
『リズムでおぼえる漢字学習』
（清風堂書店）

説明文の指導１◎学習の進め方をつかませる

説明文の指導も、最初に出てくる題材で学習の進め方を身につけさせます。まず、説明文が「序論・本論・結論」の組み立てでできていることを理解させます。

すすめ方

おおまかに内容をつかませる

○音読は前提条件

説明文も物語文と同様に（12ページ参照）教材文の読解指導に入る前に、ほぼ全員がスラスラと音読できるようにします。１週間前ぐらいから、少しずつ音読を指導していくのです。いきなり読解指導に入ったのでは、差がありすぎて授業になりません。

○内容をおおまかにつかませて３つに分ける

説明文では、形式段落がはっきりしていますから、段落番号をつけ、内容をおおまかにつかませます。問いかけ、仮説、実験、結果、筆者の主張、など、既習事項を使って、おおまかに３つに分けます。

○序論・本論・結論の役目をつかませる

序論・本論・結論の役目について話し合い、筆者の主張が何なのかをだいたいつかませておきます。

ポイント・工夫

ひねりのある説明文も

６年生ともなると、序論には問いかけがなかったり、結論がオープンエンドになっていて、読者自身が考えなければならなかったりと、ひねりのあるものも出ています。その場合も、３つに分けたどこが省略されているのかなどを考えさせます。

まとめや次への見通し

○序論・本論・結論の組み立てを知っておくと、次に扱う説明文の読解指導のときに迷わずに、段落分けができますし、自分の作文にいかすこともできます。

◎説明文の読解指導に入る準備を

国語授業進行例

1週間前	今週	次週
教材名「カレーライス」	教材名「季節の言葉」	教材名「生きものはつながりの中に」

「生きものはつながりの中に」の音読を開始します

音読指導は1～2週前からはじめます
連れ読み→一斉読みなど
家庭学習にも音読を入れます

◎序論・本論・結論をつかませる

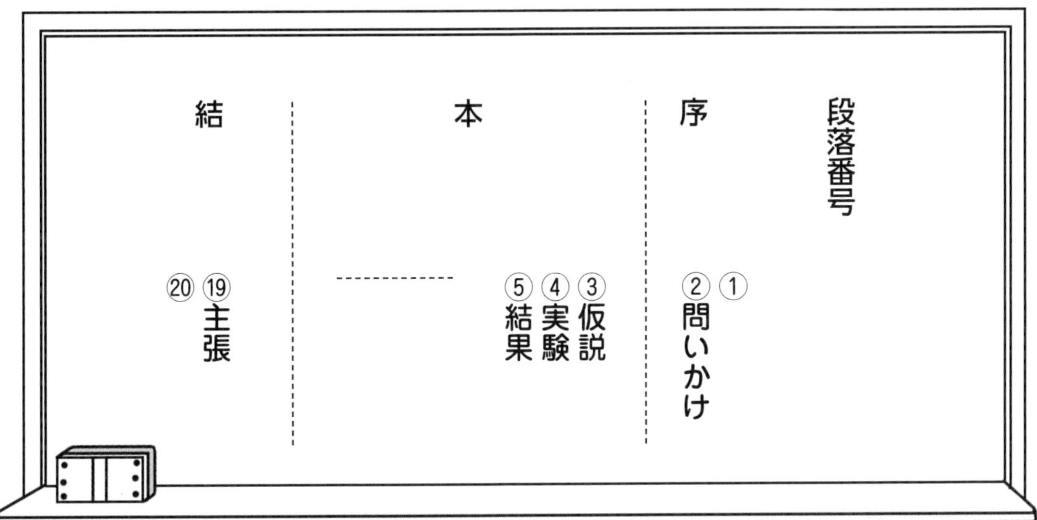

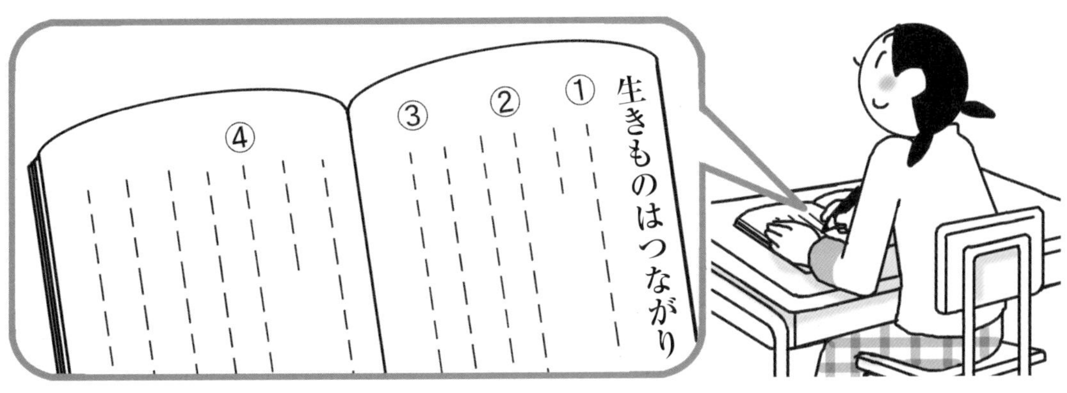

説明文の指導２◎読み取り

序論・本論・結論の部分ごとに読解指導を進めます。

難しい語句の意味調べや、それぞれの段落の役目などについて、話し合いながら進めていきます。

すすめ方

常に構成を意識させる

○事実と意見を分ける

説明文には、筆者の主張を明確にするために、事実（情報）が提示してある部分がたくさんあります。そこから意見（主張）が展開されています。まず、事実と意見を分けることからはじめます。

○文末表現に着目させる

筆者の主張の強弱は文末表現でわかります。「～のです。」と「～ちがいありません。」のどちらが強い表現かを比べてその順に並べていけば、その段落の中心がわかってきます。

○指示語や接続詞にも着目させる

指示語や接続詞が多く使われているのも説明文の特徴です。内容がわかりにくい子どももいます。その場合は、前に出てきている指示語がさしている言葉で置き換えるという作業をするといいでしょう。

ポイント・工夫

客観的な見方・考え方を育てる

説明文の読解指導では、第三者的なものの見方や考え方を育てるつもりで指導を続けます。６年生ともなると、感情移入をしなくてもいい説明文の授業の方が得意な子どもが、とくに女子のなかに増えてきます。

まとめや次への見通し

○最初の説明文教材では、筆者の意見に対する自分の意見を述べさせることは省いてもいいでしょう。それよりも、段落や構成、文末表現などに着目することに慣れさせ、物語文とのちがいをつかませましょう。

子どものノート

イースター島には
なぜ森林がないのか
段落分け
一 ①② 課題の提示 ↑ 問いかけなし
二 ③④⑤ ほ乳動物がいなかった
三 ⑥⑦ ラットがポリネシア人とともに上陸した
四 ⑧⑨⑩ 食りょう生産のため
五 ⑪⑫ 丸木船をつくるため

ローマ字入力をめざして

パソコンソフトのPowerPointを使ったり、wordで文集をつくったりする時代です。３年と４年で少しだけ習ったローマ字ですが、一定のスピードでローマ字入力ができるようにこの時期に集中して指導しておきましょう。

すすめ方
習うより慣れろ

中学年で一度習ってきたことなので、思い出すことはすぐできます。あまり時間をかけず、さらっと進めていきます。

○母音と子音の確認

ローマ字のしくみを説明して、一覧表を渡し、住所と氏名を書かせます。これだけでローマ字定着の実態調査ができます。拗音や長音、だ行とば行のまちがいなどを訂正させます。

○連絡帳をローマ字で書かせる

授業で取り上げて指導する時間はないので、連絡帳をローマ字で書かせます。最初は、教師が書いたローマ字の連絡事項を漢字かな交じり文に直して書かせます。１週間程度して慣れたらその逆に取り組みます。

○簡単な文章を音読させる

ローマ字で書かれた文章を、漢字かな交じり文に直して、音読させます（ローマ字リピートプリントを使用）。２週間程度の短期間集中型でここまでやらせると、だいたい読めるようになります。

ポイント・工夫
入力の裏ワザも教える

ローマ字で読み書きができるようになったら、パソコン室でローマ字一覧表を使って、その日の３行日記などの簡単な文章を入力させます。Ｘを使えば小さい「や、ゆ、よ、つ(xtu)」が打てることも教えておくといいでしょう。

まとめや次への見通し

○週に１回程度は、連絡帳をローマ字で書かせるようにしておくと、入力の仕方を忘れなくてすみます。

○ローマ字入力の習得は卒業文集を作成するときに役立ちます（124ページ）。

ヘボン式ローマ字 読みましょう 2 Seibutsu no sumu hoshi

Hotondo no seibutsu wa, mizu to kûki ga nai to ikite ikemasen. Chikyû igai no hoshi ni seibutsu ga sunde iru to sureba, soko niwa mizu to kûki ga nakereba narimasen. Soshite, Chikyû no yôni chôdo yoi kikô no hoshi de areba, seibutsu wa sumemasu. Uchû wa totetsumo naku hiroku, kazuôku no hoshi ga aru node, Chikyû no yôna hoshi ga atte mo fushigi dewa arimasen. Kasei niwa, mukashi mizu ya kûki ga atta to kangae rarete imasu ga, seibutsu ga sunde ita to iu hakkiri shita shirushi wa mada mitsukatte imasen.

『ローマ字リピートプリント』（フォーラム・A）

歴史新聞づくり

歴史学習のまとめは、新聞づくりがおすすめです。子どもたちがその時代の何に興味をもったかがわかりますし、それぞれの理解度も表れてくるので評価もしやすいです。はじめは、必要事項を指定してつくらせます。

すすめ方

1カ月に1枚ペースで

○項目を指定する

単元のまとめの時間にします。たとえば「先史時代から弥生時代まで」では「狩猟から稲作定住社会へ移行した」こと、「卑弥呼」についてなどのように必ず2つは入れることにします。最初は何を選ぶのかわからない子どもも多いので、一斉指導のなかで、必要事項を選ばせるようにしていきます。

○調べ方やまとめ方の学習も一斉指導で

新聞づくりでは、資料選びや図表、グラフの使い方がよくわからず、戸惑ってしまう子どももいます。新聞づくりの2号目（奈良時代ぐらい）までは、一斉指導の後で個別に作成する時間を取るようにします。

○掲示スペースを設定しておく

完成したものを掲示しておくと、上手な友だちのアイディアをまねて、次の新聞づくりにいかすことができます。できれば、11月まで使えるクラス全員の新聞が貼り出せる掲示スペースをつくっておきましょう。

ポイント・工夫

資料の丸写しは避ける

新聞づくりで注意しなければならないのは、インターネットで見つけた資料などを丸写ししてしまうことです。子ども自身のものになっていないなと思ったときは、全体で質問などを受けるコーナーを設けるなどして、質問をしたりされたりのなかで、内容の定着をはかります。

まとめや次への見通し

○毎月新聞をつくっていると、どの子も上手になっていきます。その力を国語のレポート作成（58ページ参照）や修学旅行のまとめ（90ページ参照）に活用するつもりで、進めていきます。

歴史新聞づくり

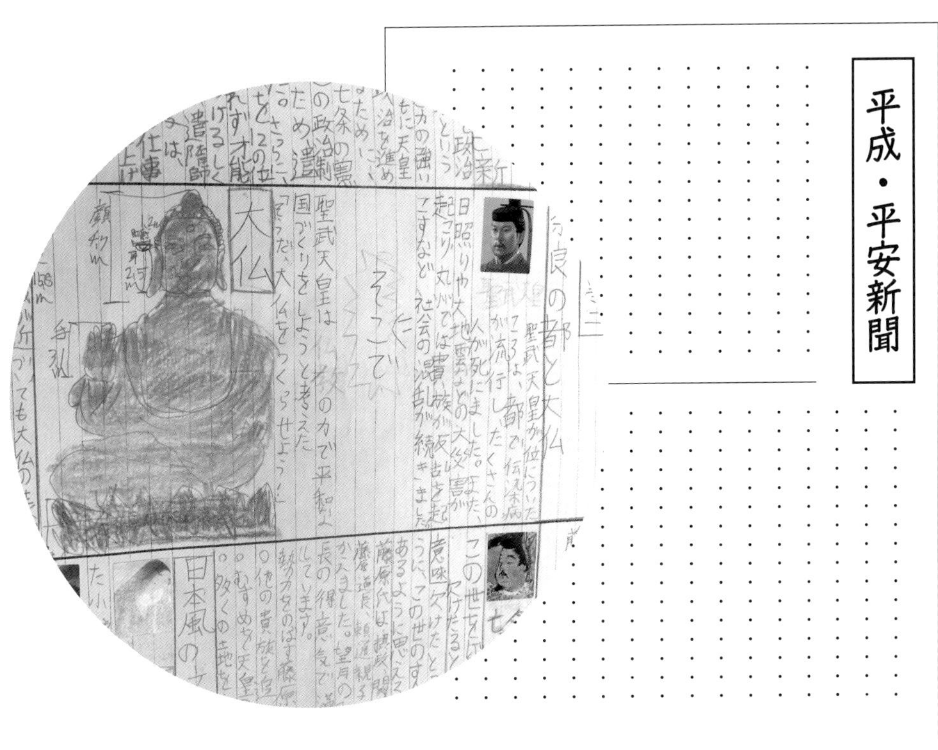

平成・平安新聞

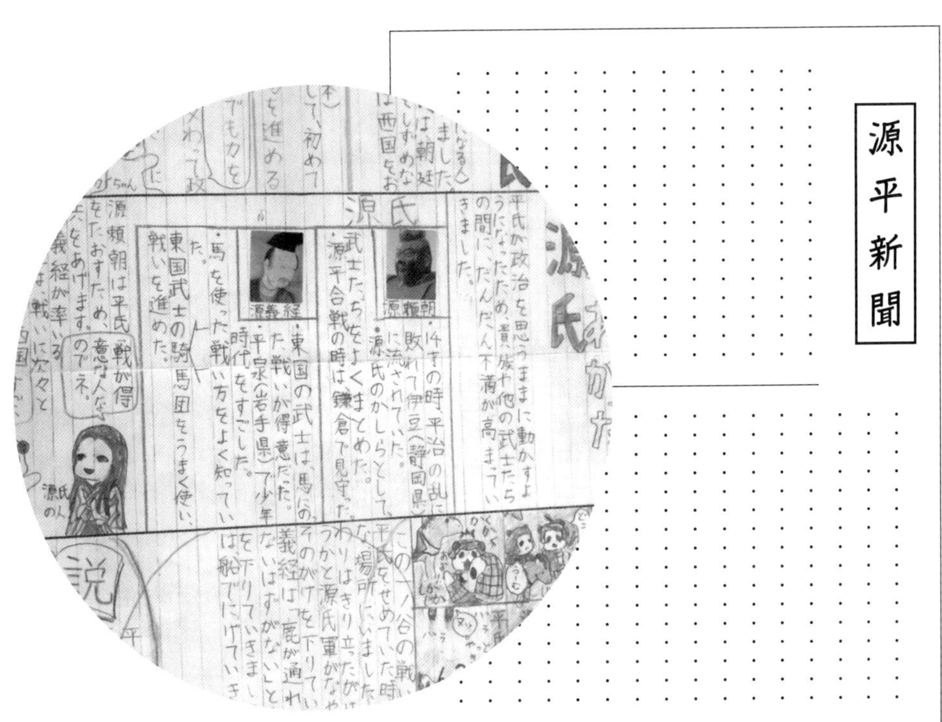

源平新聞

計算さかのぼり指導２◎少しずつテンポアップを

４月には低学年の基礎計算に取り組み、１桁どうしの加減と九九については、かなりの習熟がはかれました。これだけで、計算の正確さが出てきたと思います。５月には、３年生の穴あき九九、あまりのないわり算をします。

すすめ方
飽きさせないようにする

４月同様、算数の授業開始５分間を使います。

○計算ずもう形式に慣れさせる

100マス計算では、まだまだ子どもどうしで競うような傾向があります。今月は、昨日の自分と勝負するということを徹底させましょう。右ページにある記録表を使います。

○毎日、勝ち数を確認する

記録をした後で、毎日「○勝の人は手をあげましょう。」と声をかけ、挙手させます。全勝、１敗、２敗程度までにとどめて、負けがこんでいる子どもには配慮が必要です。

○なかなか記録が伸びないときには

私の学級では、こっそり練習することを「闇練」といっています。「先生は闇練を禁じた覚えはありません。こっそり問題を取りにきなさい」と促し、苦手な子どもには練習量を増やしていきます。このとき、あくまで自主練習なのだという姿勢を崩さないことが大切です。

ポイント・工夫
集計はエクセルで簡単にできます

個人記録の集計は、エクセルを使いましょう。勝ち、負け、引き分け、休みと項目の表と最高記録を使って、番付表を作成すれば、ものの５分ほどでできます。右ページ参照。

まとめや次への見通し

○５月になると子どもたちの緊張感もなくなり、少しずつたるみが出てくるものです。基礎計算で算数授業の最初はチャイムと同時にはじまる習慣を定着させます。

○３年生までの計算ができるようになると、約分と倍分が正確にできます。

5月は3年生までの基礎計算をかためる

4月	5月	6月	
100マス (×) ――	(＋)(－) 穴あき九九	わり算 AとB	

計算ずもう（　　）算場所

組　名前（　　　　　）

日付（曜）	月　日（　）	月　日（　）	月　日（　）	月　日（　）	月　日（　）	月　日（　）
タイム　分　秒 とくてん （　　）	分　秒 （　　）	分　秒 （　　）	分　秒 （　　）	分　秒 （　　）	分　秒 （　　）	分　秒 （　　）
勝ち負け						
日付（曜）	月　日（　）	月　日（　）	月　日（　）	月　日（　）	月　日（　）	月　日（　）
タイム　分　秒 とくてん （　　）	分　秒 （　　）	分　秒 （　　）	分　秒 （　　）	分　秒 （　　）	分　秒 （　　）	分　秒 （　　）
勝ち負け						

記録　勝　敗　分　休

計算ずもう
100マスひき算場所
番付表

	東	西
横　綱		
張出横綱		
大　関		
張出大関		
小　結		
前頭筆頭		
二枚目		
三枚目		
四枚目		
五枚目		
六枚目		
七枚目		

計算ずもう集計

① エクセルに、「名前、勝ち、負け、引き分け、休み」などの項目名と子どもの記録を入力する。

② 「勝ち」を最優先されるキーとして並べ替える。

③ 上位のものを番付表に記録する。

分数のかけ算◎苦手意識を払拭する

分数の苦手意識をもつ子どもは多くいます。しかし、分数のかけ算では、計算の途中で約分をすることで複雑な計算にならず、苦手な子にも「これならできる！」と自信をもたせることができます。学力回復にピッタリです。

すすめ方

九九ができれば簡単！

○「約分なし」からはじめる

約分なしの問題 $\frac{4}{7}\times\frac{3}{5}$ を板書します。子どもはノートに写し、計算します。全員ができたところで、隣の子とノート交換をするなどして、計算があっているか確認します。

○約分１回、約分２回の問題

次に、約分１回の問題を上と同様に進めます。とくに約分が正しくできているかを確認します。「ななめに見て……」と具体的に指導します。

「約分１回はできたね。今度は約分２回の問題ですよ。少し難しくなっていますよ」などと少しずつ難しくなっていることを子どもたちに知らせ、上と同様に進めます。

○帯分数は仮分数に

整数は分母が１の分数と考えることで、帯分数は仮分数に直すことで、今までと同じ計算になることを指導します。

ポイント・工夫

ポイントは「最大公約数」

子どもは、約分がまだできるのに気づかないことがよくあります。約分は、最大公約数がすぐ見つけられれば、いとも簡単です。５年で学習した最大公約数の見つけ方を「さかのぼり学習」としてしっかり練習させましょう。

まとめや次への見通し

○後で約分するとどうしても数が大きくなりミスが増えます。分数のわり算にもつながるので徹底しましょう。

分数のかけ算は学力回復にピッタリ

約分なし

$$\frac{4}{7}\times\frac{3}{5}=\frac{4\times3}{7\times5}=\frac{12}{35}$$

＝をそろえてたてに書くとミスがへります

約分１回

$$\frac{4}{7}\times\frac{3}{8}=\frac{\overset{1}{\cancel{4}}\times3}{7\times\underset{2}{\cancel{8}}}=\frac{3}{14}$$

ななめに見て、同じ数でわれないか考えよう

約分２回

$$\frac{8}{9}\times\frac{3}{10}=\frac{\overset{4}{\cancel{8}}\times\overset{1}{\cancel{3}}}{\underset{3}{\cancel{9}}\times\underset{5}{\cancel{10}}}=\frac{4}{15}$$

エックス（X）で見て、同じ数でわれないか考えよう

整数×分数

$$4\times\frac{1}{6}=\frac{\overset{2}{\cancel{4}}\times1}{1\times\underset{3}{\cancel{6}}}=\frac{2}{3}$$

分数×整数

$$\frac{3}{4}\times8=\frac{3\times\overset{2}{\cancel{8}}}{\underset{1}{\cancel{4}}\times1}=6$$

整数は$\frac{○}{1}$にしましょう

帯分数×帯分数

$$2\frac{1}{7}\times1\frac{2}{5}=\frac{15}{7}\times\frac{7}{5}=\frac{\overset{3}{\cancel{15}}\times\overset{1}{\cancel{7}}}{\underset{1}{\cancel{7}}\times\underset{1}{\cancel{5}}}=3$$

帯分数は仮分数に！

分数のかけ算のポイント

① 途中で約分する
② 整数は「１分の」にする
③ 帯分数は仮分数にする

分数のわり算

分数のわり算は、わる数の逆数をかけることと同じになります。

なぜそうなるのかは説明が難しいところですが、タイル図を使うとわかりやすくなります。

タイル図を使って説明する
すすめ方

$\frac{2}{5}m^2$のかべを$\frac{3}{4}$dLのペンキでぬれます。このペンキ1dLで何m^2のかべをぬることができますか。

教　師：式はどうなりますか？

子ども：$\frac{2}{5} \div \frac{3}{4}$ です。

教　師：このペンキ1dLでぬれる面積は、$\frac{2}{5}m^2$よりも多いですか、少ないですか。

子ども：多くなります。

教　師：その通り。$\frac{3}{4}$は1より小さい数です。だから、1より小さい数でわると、わられる数より大きな答えが出てきます。

教　師：図（右ページ）を見てください。1dLでぬれる面積は、どうなりますか。

子ども：$\frac{1}{4}$dLでぬれる面積$\left(\frac{2}{15}m^2\right)$の4倍で、$\frac{8}{15}m^2$です。

教　師：そうです。$\frac{2}{5} \div \frac{3}{4} = \frac{2 \times 4}{5 \times 3} = \frac{8}{15}$ で、逆数をかけることと同じになります。

割合を表すときは田型の図を
ポイント・工夫

びんにジュースが540mL入っています。これはびん全体の$\frac{3}{4}$にあたります。びん全体では、何mL入るでしょう。

? mL	540mL
1	$\frac{3}{4}$

$540 \div \frac{3}{4} = 540 \times \frac{4}{3} = 720$　　720mL

まとめや次への見通し

○逆数をかけることがわかれば、分数のかけ算のときと同じように、途中で約分する、整数は「1分の○」にする、帯分数は仮分数にする、の3つのポイントを確認しながら進めます。

分数のわり算⇒わる数の逆数⇒分数のかけ算へ

問題 $\frac{2}{5}$m²のかべを$\frac{3}{4}$dLのペンキでぬれます。このペンキ1dLで何m²のかべをぬることができますか。

$\frac{2}{5}\div\frac{3}{4}$ をタイル図で示すと

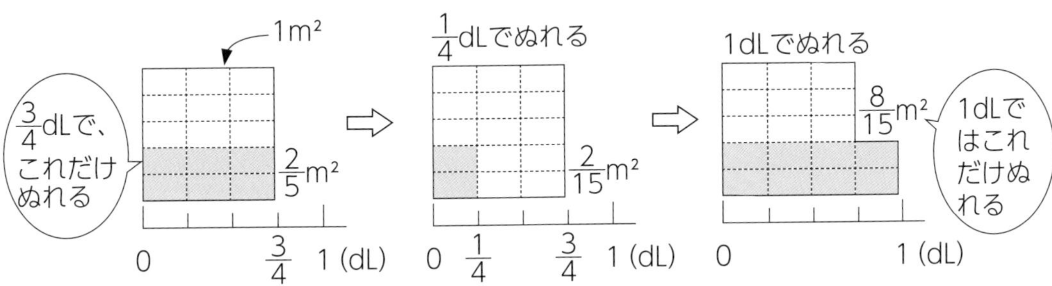

1dLでぬれる面積は、$\frac{1}{4}$dLでぬれる面積 $\left(\frac{2}{15}\text{m}^2\right)$ の4倍で、$\frac{8}{15}$m²になる。

$$\frac{2}{5}\div\frac{3}{4}=\frac{2}{5}\times\frac{4}{3}=\frac{2\times4}{5\times3}=\frac{8}{15}$$

逆数をかける

体ほぐし運動の集大成◎壁倒立

秋の運動会での組体操演技に向けて、この時期から少しずつ練習していきます。壁倒立が美しくできるようになると、体の柔軟性、バランス、確かなボディイメージなど組体操に必要な力はほぼ身についているといえます。

すすめ方
マット運動で逆転現象をしかける

○廊下や空き教室を使う

体育館に行ったときだけ練習していたのでは、なかなか壁倒立はうまくなりません。廊下の突きあたり、空き教室など、子どもの生活空間のすぐ近くにマットを運びこんで、いつでも練習できるように準備したいものです。体育担当の先生に頼んでおくとよいでしょう。

○子どもだちだけでマットは使わせない

立ちブリッジの指導や他の体ほぐし運動からスタートしていきますが、教師の指導つきでないとマットは使わせないようにルールを確立しておきます。少しずつステップアップして練習していけば、危険はない壁倒立ですが、いきなりはじめたりすると大けがを招きます。

○５年生にも見えるようにする

演出として、どこで練習しているかが５年生にもわかるようにマットを設置します。６年生が一生懸命練習している姿を見れば、「来年は自分たちも」という気持ちが生まれます。これが学校の文化となり、伝統になっていくのです。

ポイント・工夫
教え合いが早道

毎回一人ひとりを教師が指導するのではなく、子どもどうしの教え合いも大切にします。子どもの言葉で着手のコツを伝えたり、ひじの張り方のツボを教えたりする時間を設けます。できれば教師は、そうした「子どもの言葉」を子どもノートなどに書き留めておくといいでしょう。

まとめや次への見通し

○５・６年で組体操をするのであれば、練習に５年生を巻きこむのも効果的です。ふだん体育の苦手な６年生が、体育が得意な５年生に教えてもらっている場面を見つけたりすると、ほほえましい感じがします。

体の柔軟とともに心の柔軟を

① 日常的に練習できる場の確保

② 子どもどうしの教え合い

寝ブリッジ
↓
壁倒立
↓
立ちブリッジ

サッカーや野球が得意な子どもでもブリッジは苦手なこともあります。
体育が苦手な子どもの方が早くできるという逆転現象を起こしていきます。

③ 学校文化を６年生から５年生へ

逆転現象を起こしましょう。

４年生ぐらいから人間関係が固定化していきます。いわゆる「スクールカースト」です。逆転現象は、

- このような薄皮を何層も重ねたようなクラスを担任したとき、その玉ねぎの皮を一気にむいてバラバラにして、カーストを壊す。
- それによって担任への信頼感を培う。
- 高学年の子どもの自己肯定感を育む。

逆転現象を創出させて、一人ひとりが大切にされる学級をつくっていきます。
高学年の学級を威圧感で抑えるのは無理です。

5分間クイズで楽しく定着 社会科の重要事項

社会科授業のはじめ5分間はクイズタイム。問題は、既習事項から出します。ときには、下学年の学習もふり返らせます。子どもたちは社会科が楽しみになります。

重要事項はくり返して出題

○問題は5問、全問正解でシール

5分間ですから、出題、解答、答え合わせをテキパキと進めます。問題数は5問が限度です。

問題例

①平安京に都が移った年は？	794年
②平安京は今の何市？	京都市
③平安時代の前は何時代？	奈良時代
④平安時代の歴史人物を一人	紫式部
⑤奈良時代と平安時代どっちが好き？	

第5問が終わったら即、答え合わせをします。全問正解ならば、ごほうびシールを渡し、社会科ノートに貼らせます。ここまでが5分間クイズの流れです。

○平易なものを3問、チャレンジ問題を2問

クイズは前時の学習事項から3～4問、少し難易度高めのものを1～2問という配分にします。できるだけ多くの子どもがシールをゲットできるように配慮して出題します。クイズですから、ときにはお茶目な問題が入るのもOKです。

○重要事項はくり返して出題する

たとえば「平安京への遷都は794年」といった、どうしても覚えてほしいことがらについては、くり返して出題します。

また、4年や5年などの下学年で習ったことがら、たとえば地図記号や県別特産物などもときには出題していき、小学校社会科全般に関わる内容にしていきます。

少しずつ予習内容にシフト

○予習のモチベーションに

6月ごろからは、社会科の予習も指導していきますから（66ページ参照）、

子どもがしてきた予習事項の中から選んでクイズを出題して、子どもたちの予習への意欲づけにします。

進め方は次のようにします。

翌日の授業で進む分のページを予習の課題として家庭学習とします。子どもの予習ノートは、朝提出させて、教師はだれがどんな予習をしてきたか把握しておきます。予習の内容で問題の難易度を調整します。

また、ときには予習の課題としてクイズ問題を予想させたり、作問させても楽しい課題になります。

最初はなかなかクイズの答えがわからない子どもも、慣れてくると予習内容とクイズの関係がわかってくるようになります。中学へのスムーズな移行という意味でも、予習の習慣づけは大切なので、クイズ問題を使ってそのモチベーションを維持させます。

○シールの数も評価に入れる

学期末のノート評価では、クイズの正答数も評価に入れます。週に３時間の社会科の時間があるとして、１か月12時間。クイズの問題は60題です。全問正解ということは、学習内容が定着しているということになります。当然評価の「知識・理解」や「関心・意欲・態度」の項目にカウントできます。

真面目にコツコツ学習するタイプの子どもにとっては、それほど難しいことではないはずです。

公民学習でも力を発揮

２学期後半からはじまる公民学習でも、５分間クイズは継続させます。

とくにクイズ形式にすると、その日の授業そのものには関係なく出題することができるので、公民学習に入ると、時事問題で出題することも可能になります。以下問題例です。

①自分の町の役場はどこにありますか。（３年生の復習）
②ゴミ収集について調べる方法は。（４年生の復習）
③基本的人権で一番大事と考えるものを一つ。
④国会議員には何歳からなれますか。
⑤今日のニュースで印象に残ったもの。

音読会１◎百聞は一見に如かず

国語の授業で学習した文章を使って音読会をします。１学期の音読会の目的は、子どもに自分の音読が客観的に見てどういう評価を受けているのかを知らせることが目的です。もちろん練習も大事ですが、相互評価の方法を中心に指導します。

すすめ方
ビデオ撮りしたものをすぐに見る

○相互評価シートをもたせる

音読会には、簡単な評価項目を入れたシートを全員にもたせて、相互評価をさせます。「客観的な評価を心がけるように」とはじめに指導しておくと、子どもたちの心がまえもちがいます。

○必ず録画する

一人ひとりの音読のようすを録画していきます。友だちの音読は評価できても、自分自身のようすはわからないものです。録画することで、自分の長所も短所も見つめられるようになります。

○終わればすぐ見る

全員の音読が終ったら録画したものを順に見せていきます。自分の録画を見ながら友だちからの評価シートも見て、評価をより客観的にとらえていきます。教師も録画を再生しながらそれぞれにコメントを入れます。子どもの評価基準はバラバラなので、教師の評価基準にそろえさせるために、この時間が大切です。

ポイント・工夫
２時間続きの時間を使う

１時間目は音読会＆録画。その次の時間は再生と評価というように２時間連続で実施しないと効果が半減してしまいます。時間割を工夫して、連続で設定できるようにしておきます。

まとめや次への見通し

○教師の評価基準が子どもたちにわかるように、教師は具体的に評価するようにしましょう。

◎音読会採点シートを活用

音読会採点シート

6年1組（　　　　　　　　　　　　　　　　　　　　　　　　）

	場面	読む人	大きな声で	速さに気をつけて	姿勢を正しく	
回目	一					
	二、三					
	四、五					
	六					
	七					
	八					
	九					
	十					

上手と思う　◎
まあまあ　○
直した方がいいところがある　△

◎２時間連続で音読会を

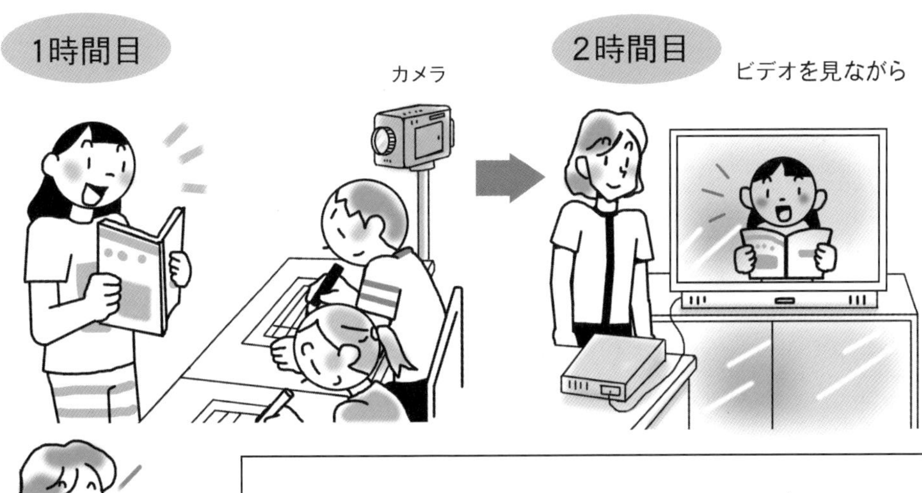

最近の子どもたちはビデオ慣れしていますが、照れて自分の録画をしっかり見られないような子どもには、学習のために冷静に見るようにと諭します。

読書指導１◎読書２万ページへの旅

梅雨を迎え教室で過ごすことが多いこの時期、「読書２万ページへの旅」は、子どもたちにとって取り組みやすい提案です。１学期は読了図書を増やすことをねらいにして、内容についてはあまりこだわりません。

すすめ方

累計をていねいにする

○記録表をいつも手元においておく

読書ノートやファイルが準備されている学校もありますが、いつも手元にそれがないと記録できないのでは困ります。机の横に、手提げ袋（ペーパーバッグでもＯＫ）を用意して、そのなかに本と記録表が入れられるようにします。

○累計の仕方は別に指導する

６年生といえども、累計のやり方がわからない子どももいます。ていねいに説明し、最初のころは点検も必要です。なかには読みもせずに累計しているというような猛者もいます。そのときは、「この本はどうだった？」とだすねてやると、次からはしなくなります。

○記録しない子どもへ

片づけが苦手、記録が面倒という子どももいます。そういう子の場合は、週に一度程度の提出を求めましょう。累計していなかったり、紛失したりということが防げます。

ポイント・工夫

読書の時間は抜かない

高学年になると、なかなか図書室で本を読む時間が確保できなくなります。それでも、借り換えだけなら15分もあればできます。毎週必ず図書室に行って借り換えだけはするようにしましょう。

まとめや次への見通し

○「読書は学力の上限を規定する」といいます。遠回りのようでも、これが早道と考え、指導を継続していきます。

○この時期に指導しておけば、読書週間にもこの取り組みは継続できます。

記録表は手元におく

	枚目	名前（　　　　　　　　）						
冊数	読み終わった日付	書名	おすすめ度	合計ページ				
				万	千	百	十	一
	月／日							
	／							
	／							
	／							
	／							
	／							
	／							
	／							
	／							
	／							
	／							
	／							
	／							
	／							
	／							
	／							
	／							
	／							
	／							
	／							

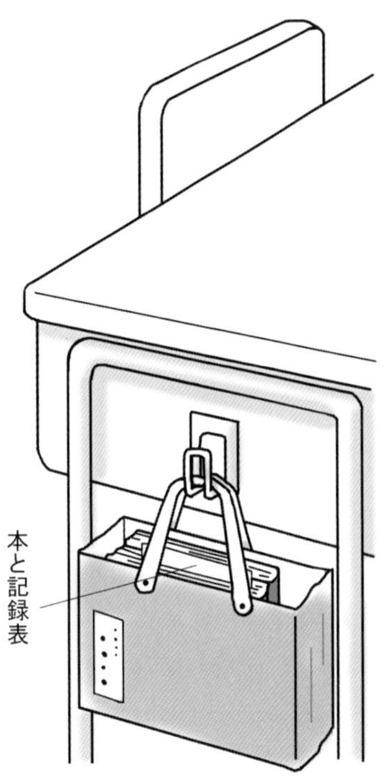

短歌や詩を創作する

授業時間が限られている高学年では、作文を書くことよりも、短歌や詩を書かせる方が、よりたくさんの作品を完成させることができます。行事ごとに一首つくる、詩を書いて残しておくと、年度末のふり返りにもなります。

すすめ方

一斉指導で書かせる

国語授業のちょっとしたあき時間や学級活動の時間などにします。

○テーマに沿って連想する言葉を出させる

テーマを与えても、語彙の少ない子どもは、なかなかイメージできません。クラス全体で、イメージを膨らませるという作業をした後に、そのなかから絞っていくように指導します。

○できたものを推敲する

早くできた子どもの作品を取り上げて、全体で推敲していきます。短い表現のなかにも、鋭さをもった作品もあります。取り上げるものは、必ずしもすぐれた作品でなくてもかまいませんが、どの作品を推敲するかは配慮が必要です。

○共通のテーマだからこそ

短歌や詩などは、短い表現の裏に想像力をはたらかせる余地があることがおもしろいのです。共通のテーマで書かせることによって、作品の背景が類推できるので、推敲の作業もやりやすいです。

ポイント・工夫

一枚文集にする

作品そのものが短いので、クラス全員のものを載せても、それほどの量にはなりません。この機会に一枚文集にして友だちと読み合ったり、保護者にも見てもらったりするといいでしょう。

まとめや次への見通し

○手軽にできる表現活動です。作文の時間は学期に一度は設けますが、短歌や詩の場合は１時間で仕上げられるので、すきま時間を使って日々の雑感を表現させるようにします。

イメージの発見、拡がりをクラスみんなで

① 板書─イメージマップを活用する

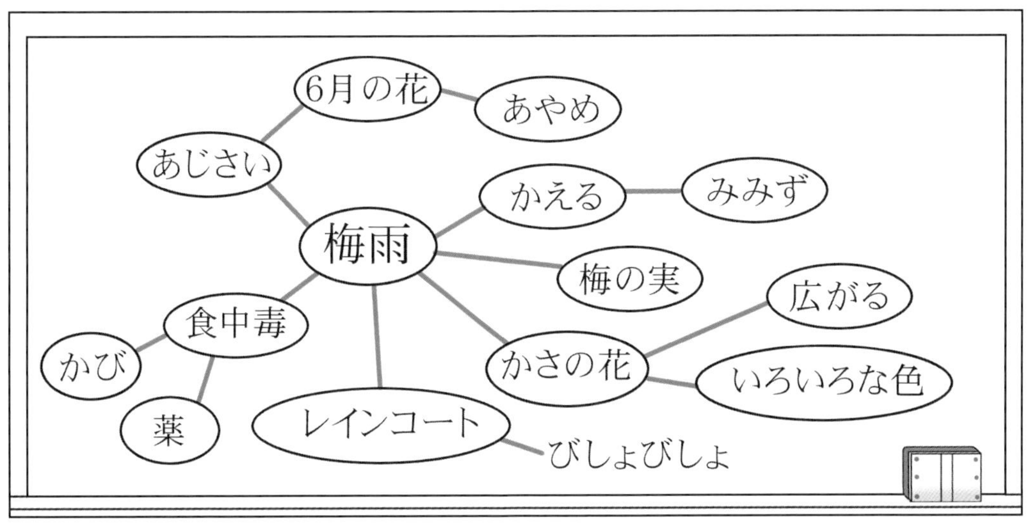

② 推敲（すいこう）する

説明文・レポートを書く

教科書にも、説明文やレポートを書くという単元があります。自分の生活をつづるのではなく、客観的な事実とそれから予想できる結論を、読み手にわかりやすく伝えることがポイントであることを、ていねいに指導します。

すすめ方
事実をわかりやすく伝える

作文の時間を使います。原稿用紙（できればＢ４判を用意したい）１枚をめどにします。

○短くまとめるのがコツ

説明文やレポートでは、順序立てて書いたり、箇条書きにしたりして、短い文章ではっきり伝える必要があります。説明文の読み取りで学習したことをいかして、序論、本論（１、２、３）、結論のように、最初から段落の数を指定しておくと、冗長な文章にならずにすみます。

○生活文とのちがいをはっきりさせる

低学年からのくせで、自分の思いを前面に出してしまう文章の書き方に慣れている子どももたくさんいます。ここでは、客観的な事実を書き、コラム程度の量で自分の気持ちを書くように指導します。

○図や表の効果的な使い方を指導する

個別に書きはじめる前に、一斉指導で図や表の効果的な使い方を指導します。内容が同じでも目盛りだけがちがう表、拡大したものと縮小した図などを比較して、それぞれの特徴をつかませるようにします。

ポイント・工夫
理科や社会科で応用できる

国語の時間だけでは、年間２本程度のレポートしか書けません。理科や社会科、家庭科などのまとめとして、説明文やレポートを書くようにします。少なくとも、学期に２本程度は完成させるようにしましょう。

まとめや次への見通し

○全員のものが完成すれば、縮小コピーして両面印刷し、製本しておくと、１年間の学習記録として手元に残ります。１クラス36人であれば、９枚の両面印刷だけで、レポート集が完成します。

説明文・レポートを書くために

① レポートのテーマ例

レポートのテーマとしては、事実関係がもとになるので、理科や社会のテーマが適している。

- ◦モンシロチョウの観察
- ◦とじこめられた空気を使って
- ◦もののあたたまり方
- ◦月や星の動き
- ◦自然の中の水の姿
- ◦メダカのたんじょう
- ◦大地のつくり
- ◦ものの燃え方と空気
- ◦水溶液の性質
- ◦動物のからだのはたらき
- ◦学童保育センターの仕事
- ◦伝承あそびについて

② レポート例

テーマ：木切れを早く燃やすには
◎条件をそろえるもの　空き缶　割りばし
・準備物　チヤッカマン、ストップウォッチ
◎条件を変えるもの
　実験①　ふたをして燃やす
　　　　　全部燃えずに、一部残った。色、形、においなど。
　実験②　うちわであおぐ
　　　　　炎を上げて、早く燃えた。色、形、においなど。
　実験③　そのまま燃やす
　　　　　チロチロと燃えた。①と②の場合との比べるもとになる。

結果…実験②が一番早く燃えつき、実験①が時間がかかった。
　　　ものが燃えるには、酸素がたくさん必要だということがわかった。もっと早く燃やすには、バーナーなどで酸素を吹きつけるといいのでは。

③ 縮小コピーして両面印刷をすれば、１冊のレポート集完成

計算さかのぼり指導3◎3桁±3桁でひきしめる

100マス計算、穴あき九九、あまりのないわり算と、少しずつレベルを上げて取り組んできましたが、もともと計算力のある子どもにとっては、モチベーションを維持するのが難しいことです。このあたりで、少し難しいものを基礎計算に組みこんで意欲を持続させます。

すすめ方

1週間ごとに問題を変える

これまでの計算さかのぼり指導同様、算数授業の開始５分を使います。

○問題はいろいろな型のミックスで

同じ型の問題ばかりではなく、空位があるものや、くり上がり・くり下がりの有る無しなどが混ざっているものを使用します。１週間は同じ問題を使用してもＯＫです。『中級算数習熟プリント小学３年生（清風堂書店）』のまとめが最適です。

○補助数字を必ず書かせる

面倒という理由で補助数字を書かずに、まちがいだらけという子どもがたくさんいます。きちんと補助数字を書かせること。また、書く位置についても、最初に統一しておくといいでしょう。

○時間があまれば、裏に10回たし算・ひき算を

速い子どもは、すぐに終わってしまいます。あまった時間には、裏に10回たし算や10回ひき算をするように指導して、すきま時間をつくりません。

ポイント・工夫

6月は無理をしない

水泳指導もはじまり、子どもたちは、蒸し暑さでバテている時期です。毎日基礎計算ができるのが理想ですが、着替えなどで時間がかかり始業チャイムと同時にはじめられないと判断したら、その日は休むという決断が必要です。

まとめや次への見通し

○この時期に無理をすると、子どもたちのイライラやストレスと正面衝突してしまい、反発を招くこともあります。体力的にも厳しい時期、あせらず取り組みましょう。

6月の基礎計算練習は緩急をつけてモチベーション継続を

① 同じ問題を１週間して習熟度を上げる仕方も

3けたのたし算 ⑦ 名前
●まとめ

♣ 計算をしましょう。

① 145 + 524	② 531 + 462	③ 328 + 71
④ 416 + 9	⑤ 259 + 403	⑥ 608 + 202
⑦ 182 + 395	⑧ 684 + 145	⑨ 351 + 482
⑩ 479 + 332	⑪ 168 + 248	⑫ 187 + 523
⑬ 282 + 519	⑭ 335 + 475	⑮ 349 + 357

3けたのひき算 ⑦ 名前
●まとめ

♣ 計算をしましょう。

① 589 − 285	② 437 − 124	③ 568 − 54
④ 594 − 535	⑤ 760 − 356	⑥ 892 − 87
⑦ 528 − 296	⑧ 828 − 745	⑨ 349 − 71
⑩ 521 − 445	⑪ 641 − 554	⑫ 583 − 489
⑬ 300 − 268	⑭ 801 − 519	⑮ 708 − 509

② ３桁の計算をはじめる前に補助数字の指導を

柱体の体積

角柱や円柱の体積は、柱のように立っていればわかりやすいですが、横倒しになっていると難しく感じます。そこで、横倒しになっている立体を「ごろんと立てる」とどうなるか、イメージさせます。

すすめ方

ごろんと立てる

底面の面積のことを底面積といいます。角柱の体積は、角柱の体積＝底面積×高さ　で求められます。右ページの例題を解きます。

教　師：例題１。底面は四角形のところですか、それとも三角形のところですか？

子ども：三角形のところです。

教　師：そうですね。これは三角柱が横倒しになった立体です。横倒しになっているときは「ごろんと立てる」とよくわかります。底面積はどうなりますか？

子ども：三角形なので、６×５÷２＝15（cm^2）です。

子ども：体積は、15×８＝120　　答え120cm^3です。

教　師：例題２を解きます。これは何という立体ですか？

子ども：円柱です。

教　師：「ごろんと立て」ましょう。底面積はどうなりますか？

子ども：円なので、３×３×3.14=28.26（cm^2）です。

子ども：体積は、28.26×12＝339.12　　答え339.12 cm^3 です。

ポイント・工夫

柱の定義を押さえる

角柱も円柱も柱です。ですから、柱とは何なのかをしっかり理解させましょう。

「柱とは、底もまんなかも上までずっと同じ形です」

まとめや次への見通し

○横倒しになっているなら、ごろんと立てればわかります。このように、算数の問題は、これまでとのちがいを見つけ、今まで習ったことを使えば解けるという見通しをもたせます。

計算

◎柱体の体積

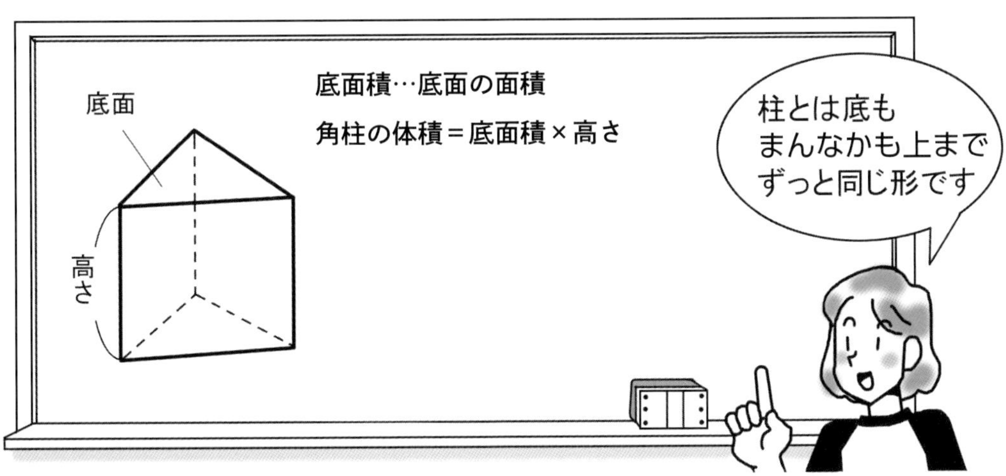

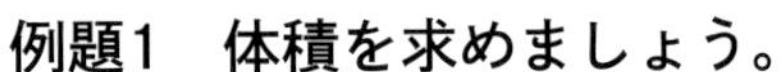

例題1　体積を求めましょう。

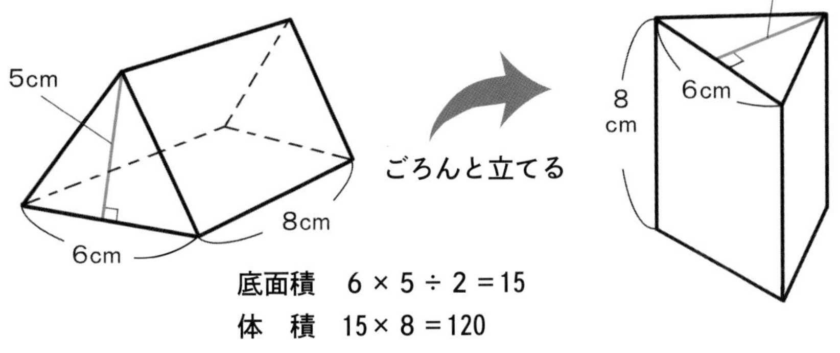

底面積　6 × 5 ÷ 2 ＝15

体　積　15× 8 ＝120

答え　120㎤

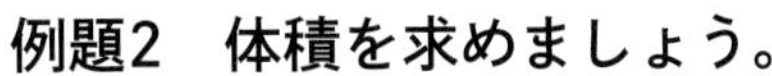

例題2　体積を求めましょう。

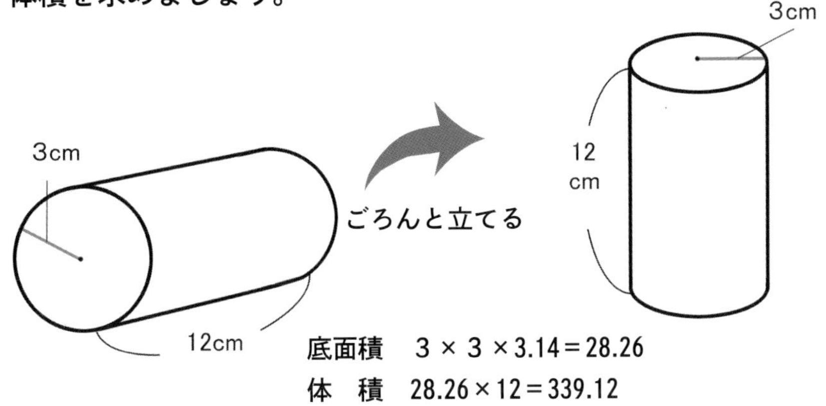

底面積　3 × 3 ×3.14＝28.26

体　積　28.26×12＝339.12

答え　339.12㎤

6月・計算

6月危機をのりこえる

梅雨の時期、子どもたちは自分をコントロールできなくなってきます。あちこちでトラブルが発生して、学級全体が落ち着かなくなる時期でもあります。学習ルールを見直して、凜とした姿勢を保つようにさせます。

すすめ方
学習ルールの確認と修正

○チャイムと同時にはじめる

落ち着きのないクラスの状態は、チャイムと同時に授業が開始できるかどうかでわかります。授業は遅れてくる子どもを待つのではなく、チャイムと同時に授業開始のあいさつをします。

○音読・基礎計算ではじめる

遅れてくる子どもがいるので、授業内容にすぐに入るのではなく、教科書の音読や基礎計算などを最初にします。

「礼　では、○ページを音読しましょう」

という進め方です。

○修正しなければならないことも

２か月たって、４月に指導した学習ルールがルーズになっていたり、現実に合わなくなっていたりしていることも考えられます。学習ルールを子どもたちといっしょに再確認して居心地のよいクラスをつくっていきましょう。

ポイント・工夫
よく観察する

６月危機の可能性があると感じたら、子どもたちのようす、とくに人間関係をよく観察します。不満を抱えている子どもが、その要因をつくっていることが多いのです。初期の段階で気がつけば、個別対応だけでのりきることができます。

まとめや次への見通し

○思春期の女子は難しく、どうにも理解できない女子の不穏な行動パターンが出てくるのもこの時期です。無理に解決しようとせず、周りの子どもに迷惑をかけないということを約束して、静観して待つことも必要かもしれません。

始業チャイムと同時に授業開始が肝！

○学習ルールの見直し（しんどがっていることをわかってやる感性）

たとえば

- お茶を飲む時間を長くする。チャイムが鳴ってもOK。
- 下じきであおぐのもOKにする。
- 「お笑い係」などをつくる提案を相談してみる。

予習の習慣を社会科で楽しくつける

歴史学習に苦手意識をもっている子どもが多いです。予習ノートをつくることで、楽しく授業に参加できる雰囲気をつくります。また、この予習の習慣は、中学に向けての大事なステップになります。

すすめ方

予習コーナーをつくる

○ノートに予習のコーナーをつくる

社会科のノートに、半ページ程度の予習コーナーをつくらせます。そこに、下記の項目を書きこんで授業に臨むように指導します。最初は授業のなかで時間を設定して、少しずつ家庭学習にしていきます。

○音読、意味調べ、疑問探し

子どもは、教科書の４～６ページ分を音読して、わからない言葉の意味調べをしてノートに書き、自分が疑問に思ったことがらをノートに書き出します。これだけで十分予習になります。

○社会科クイズに取り上げる

教師は予習ノートを見て、授業のはじめ５分間クイズの問題を考えます。多くの子どもが調べてきていることがらをクイズとして出すと、予習が定着していきます。

ポイント・工夫

一人学習ができることだけを

予習は、授業の準備ですから、難しいことは求めません。なかには、授業のポイントをズバリとまとめてきたり、詳細に調べてくる子どももいます。そうしたノートにはコメントをつけて返すと、さらにやる気をもちます。しかし、全体ではそれを取り上げることはしません。

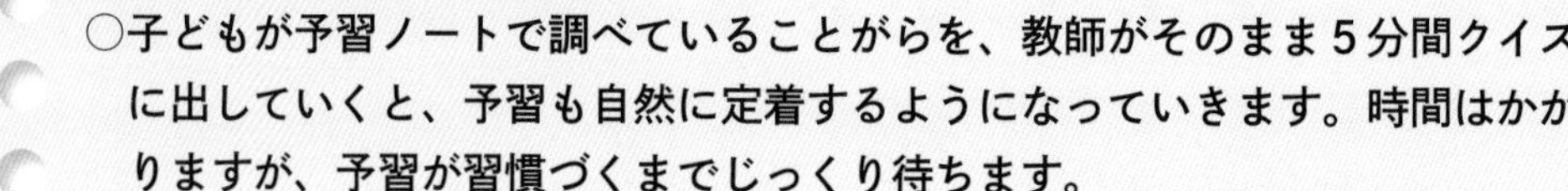

まとめや次への見通し

○子どもが予習ノートで調べていることがらを、教師がそのまま５分間クイズに出していくと、予習も自然に定着するようになっていきます。時間はかかりますが、予習が習慣づくまでじっくり待ちます。

中学に向けて予習の習慣をつける

子どもの予習ノート

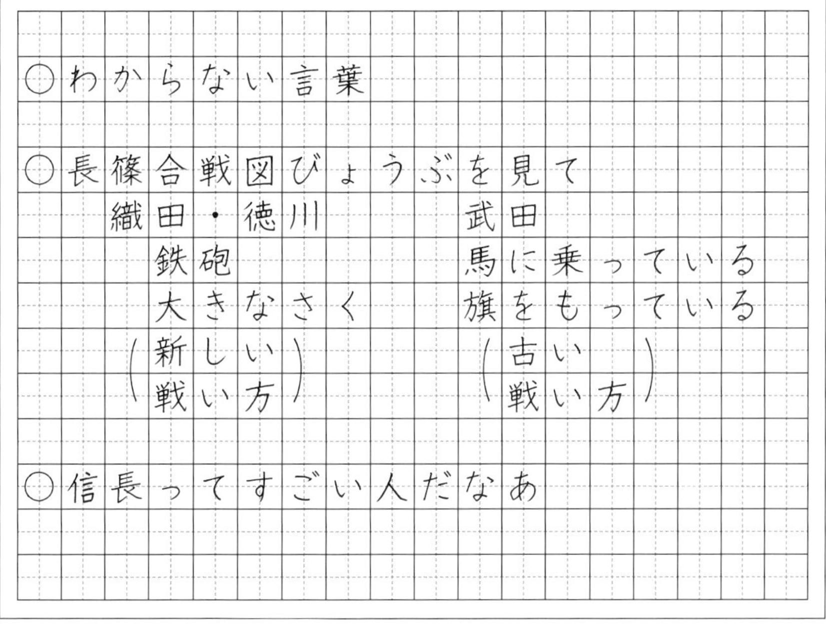

○わからない言葉

○長篠合戦図びょうぶを見て

織田・徳川　　武田

鉄砲　　馬に乗っている

大きなさく　　旗をもっている

（新しい戦い方）　　（古い戦い方）

○信長ってすごい人だなあ

学活の時間やすきま時間を使って 歴史カルタを楽しもう

歴史学習は年号や重要事項を覚えると楽しさも倍増。カルタを使って、ゲーム感覚で楽しく取り組んでみましょう。意外な子どもが大活躍するという逆転現象も起こすことがあります。

全員が取れる状態をつくる

○最初は音読からはじめる

最近は歴史カルタもいろいろな種類が出ていますが、教室で全員で使うとなると、増し刷りしてもＯＫというものでないと難しいです。

全員分の購入や増し刷りが難しい場合は、プリントにして音読練習をします。カルタ遊びは学校だけですることになります。

「清少納言」「源頼朝」「聖徳太子」…など、人物の名前が読めないのではカルタができませんから、まずは10枚ずつ音読の練習からはじめます。学校で数回音読練習をした後、家庭学習にします。

○まずはグループでやってみる

学級活動の時間に、全部の札を使ってカルタ取りをします。班単位でします。班のなかで、読むのが得意な子どもに読み手を任せます。

優勝者には覚えるコツを披露してもらえば、うまく覚えられない子どもにもコツがつかめます。

源平戦で楽しむ

○持ち札が早くなくなった方が勝ち

全体での試合に飽きてきたら、１対１の対戦形式の源平戦に移ります。

源平戦は、１対１の対戦です（「百人一首に親しむ１」88ページも参考）。１人が持ち札を10枚ずつもち、それぞれ自分の陣地に並べます。自分の持ち札が先になくなった方が勝ちです。まず、読み札が読み上げられたところで、対戦相手の札を取れば、自分の持ち札を１枚相手に渡します。自分の持ち札が相手に取られれば相手の持ち札をもらいます。こうして早く持ち札をなくした方が勝ちです。

大達和彦氏作　歴史カルタ

○**読み手にも大きな学習効果**

読み手は教師でも、得意な子どもでもかまいません。希望者のなかから、じゃんけんやくじ引きで決めてもいいでしょう。読むことをくり返すことで、かなり学習効果が上がります。

慣れたらルール変更を

同じことをやっていては、飽きがきてしまいます。およそ半年間続ける息の長い取り組みですから、対戦形式を変えたり、ルール変更をしたりして、その都度チャンピオンを決めていくようにしましょう。

ミニイベントのようにして、イベント係の子どもたちと相談しながら進めると学級づくりにもなります。

○男女ペアでチーム対抗（取るのは交代で取る）
○グループ対抗で勝率で順位を決める
○全員参加のトーナメント方式
などなど。

月１回の恒例イベントに

平安時代の学習をしているときは、紫式部と清少納言のちがいはわかっていても、江戸時代に入ったころにはすっかり忘れています。

毎月１回程度の恒例イベントにしておけば、既習事項を忘れることも防げます。

学期末の漢字確認テスト

ミニテストをくり返してきた結果、ある程度漢字は覚えられていますが、１学期分全部となると、またちがいます。ここでは、市販の50問テストを使って、習熟をはかります。

すすめ方

うそテストと本番テスト

○うそテストで練習する

市販のテストの裏側に「１学期の漢字まとめ」などのテストがあります。それをコピーして増し刷りします。子どもたちは「うそテスト」なので、何回もテストすることを予告しておきます。

○個人記録をつくる

だいたい７～８回、同じテストをくり返すとして、最初の得点から、合格できるまでを記録するカードをつくっておきます。これも過去の自分との闘いであることを明示しておきましょう。

○本番テスト

うそテスト開始から１週間。ほぼ７割の子どもが90点（50問中45問正答）取れるようになった後、本番テストをします。

ポイント・工夫

まちがい直しはこのように

高学年になると50問中10問しかできない、というような子どももいます。40問すべて自力で直すのでは意欲が続きません。朱を記入して返却し、それを練習するように指導します。

まとめや次への見通し

○同じテストをくり返すのですから、１回目、２回目、……と記録が伸びていくのは当たり前と思われがちですが、50問となると、語彙の少ない子どもには、なかなか大変な作業です。あせらず、90点を合格ラインとします。

個人記録表　　6年　　組　（　　　　　　　　）

回数	日付	得点	コメント	先生
1	7/ 3	65	時間がたりなかった。次からは最後までする。	
2	7/ 4	80	最後までできたけど、間違いまくり。朱がイタイ。	
3	7/ 4			
4	7/ 7			
5	7/ 8			
6	7/ 9			
7	7/10	90	やっと合格!!　漢字づけの１週間だった。	

＊日によっては、１日２回テストの時間を設定することもあります。
＊合格ラインに到達した子どもも、同じ回数テストをします。
＊時間配分は約20分です。水泳の後の時間、家庭科の後の時間などの、すきま時間を有効に使います。

○90点以上が合格
○毎日続ける
○時間を確保する

読書感想文の書かせ方

夏休みの課題として読書感想文を出す学校が多いですね。とくに６年生は、いろいろなコンクールから提出を求められることが多くなります。特定の子どもだけが優れた作品を書いてくる、というのでは作文指導にはなりません。全体に指導して夏休みが迎えられるようにしましょう。

すすめ方

ねらい目は科学読み物

○書き方マニュアルを探す

図書館サービスなどで「読書感想文の書き方」を探しておきます。そのなかでも、科学読み物の感想文の書き方を指導するようにします。物語文では解釈のちがいによって、さまざまな書き方が必要とされるため、指導する側に相当な力量が求められるからです。

○原稿用紙の使い方も指導する

原稿用紙の使い方も改めて指導します。１行目は題、２行目は学校名と氏名、書き出しと段落は１字下げ、などを確認しておきましょう。書き方の指導をせずに自由に書かせた場合、書き直すところが多くなり、子どもたちの意欲が減退してしまいます。

○中学年向きの本で練習を

中学年向けのものでかまいません。クラス全体で同じ題材で書き方の練習をします。書き上がったら、それを見本にして、それぞれの好みの本に挑戦すればいいのです。

ポイント・工夫

説明文は書きやすい

思春期の子どもたちですから、自分の本音を書くことはやや苦手です。その点、科学読み物はあまり自分の心情を吐露することなく感想文が書けます。苦手意識のある子どもにも書きやすいものといえます。

まとめや次への見通し

○練習したものを読み合わせる時間が取れれば、より全体のレベルアップにつながります。

○選書に困ったら、司書担当の先生に相談してみましょう。よいアドバイス受けられます。

■□読書感想文の書き方マニュアル□■

①構成を考えてから書く
- 読書メモをつくっておく（おもしろかった部分に付箋を）。
- 指定された字数に合わせる。
- 組み立てを考える（一般的には四段落構成）。

②きっかけ（200字以内で）
- 書店で見出しにひかれた。
- 友だちにすすめられた。
- 推薦図書だったなど。

③簡単なあらすじ（200字以内で）
- できごと。
- 誰がどうした。
- 感想は書かない。

④おもしろかった部分とその理由（400字～600字）
- おもしろかった部分とその理由。
- 自分や家族、学校生活との比較。
- 現実に起きたらという仮定など。

⑤読後に得たもの（200字～400字）
- 読後の自分の変化（気持ちでも態度でもよい）。
- 読んだ経験をこれからの生活にどういかすかなど。

おすすめ本

○伝記（社会科に出てくる歴史上の人物） （サッカー選手、イチローもＯＫ） ネルソン・マンデラのものがおすすめ	福沢諭吉、徳川慶喜、
○ベストセラーになったもの 映画化されたり、アニメ化されたり しているものだと読みやすい	「図書館戦争」有川浩、
○古典のうちファンタジー要素がある もの	「15少年漂流記（原題は『二年間の休暇』）」 「アンクル　トムズ　ケビン」

計算さかのぼり指導4◎1学期のまとめをする

毎日コツコツと練習した成果を自覚させるために、4月から基礎計算をしてきたことを7月に一度まとめます。番付表や記録カードなどを見て、気づいたことを作文などに書かせて残しておくようにしましょう。

すすめ方

3桁×1桁・2桁・3桁を練習する

○いろいろな型の混合問題を使う

加減計算のときと同様に、いろいろな型が混じっているものを使います。空位有り、無し、×200、×210などが入っているものです。

○わり算の準備運動ととらえさせる

9月以降に取り組む、÷1桁、÷2桁の筆算への準備運動だということを、子どもたちにも知らせておきます。かけ算が不正確であればわり算はできないことを知らせて、モチベーションを高めさせます。

○1学期のまとめとして記録を残す

子どもには4月からの取り組みを、作文やレポート形式で残させるようにします。教師は夏休み前にこれまでの基礎計算の記録表を渡して、子どもの成長を保護者に知らせることもしておきましょう。

ポイント・工夫

難易度はやや低いものを

7月はまとめのテストをしたり、期末の事務があったりと、あわただしくなりがちです。基礎計算は少し難易度を下げて、子どもたちの負担を軽くして、達成感とともに学期末が迎えられるようにしましょう。

まとめや次への見通し

○自分の苦手な計算については、夏休みにもプリント類をもち帰るなどさせて、自主練習ができることを知らせておきます。

○夏休みの課題として、4月からの基礎計算を再度復習していくこともすすめます。

7月の基礎計算練習は達成感重視で取り組む

チャレンジ かけ算③（まとめ）	名前	

☆つぎの計算をしましょう。

① 468 × 38

② 364 × 135

③ 180 × 649

④ 200 × 199

⑤ 60 × 89

キッシー・マジック？？？

○○　○○

4月から、毎日100マス計算やら、かけ算、割り算をしてきました。最初は、

「こんな低学年みたいな計算、今さらなんでやらないとアカンのん」。

と思っていました。でも、やってみると、まちがいも多いし、スピードはイマイチでした。

岸本先生は、

「中学では、瞬時に答えが出ないと、数学で困るよ。理科や社会科でも計算は使うよ」。

と、笑っていました。

それから、3か月。今では、たし算、ひき算、かけ算のマス計算はほとんどノーミスです。先生よりも速いときもあって、

「とうとう抜かれましたね」。

と笑っているのが、ちょっと優越感です。でも、よく考えると、はじめから抜かれることがわかっていたのかなとも思いました。やっぱり、キッシーマジックです。

20 × 20

子ども面談

学期末になると、保護者との面談が設定されています。保護者だけでなく、子どもとも通知票を前に、その評価について話し合い、説明しておきます。教師側の意図が直接伝えられるのは、高学年の醍醐味です。

すすめ方

場の設定を大切に

○面談コーナーの設定

学期末ですから家庭科や音楽準備室など、使わない部屋があります。そこに、机といすを持ちこんで、他の人に会話の内容が聞こえないようにします。本音で伝えたいことも、これなら話ができます。

○他の児童には読書を

面談は１人３分～５分程度。それでも全員終えるのには、１～２時間はかかります。待っている子どもの指導も大事です。読書指導をていねいにしておくと、高学年なら待ち時間の２時間くらいは何とかがんばれるものです。

○個室効果は高い

担任と一対一になるのですから、ふだんどんなにふてくされた態度をとっている子どもでも、きちんと話を聞きます。教師が真剣に話をすれば、客観的に受け入れられる年齢です。

ポイント・工夫

ほめることを前提に

緊張してやってきている子どもたち。まずはほめてそれをほぐしてから、できていなかったことを指摘して、改善方法も示していきます。短所ばかりを指摘されたのではたまったものではありません。

まとめや次への見通し

○保護者への面談が先に設定されていれば、その内容も子どもに話します。逆であれば予告することになります。どちらにも心の準備の時間が必要です。

子ども面談のコーナーの設定

○空いた教室に1人ずつ呼びます。
○次の子は、ろう下で待ちます。
○面談が終った子どもは、教室にもどり、次の子に声かけをします。

古典を読む◎枕草子がおすすめ

教科書にはいろいろな古典の作品が取り上げられていますが、社会科の学習にも出てきて、内容が現代文の感覚に近い「枕草子」を最初に取り上げることをおすすめします。平安時代の宮中の生活やものの感じ方に触れさせるチャンスです。

すすめ方
まずは連れ読みから

○正確に、ゆっくりと連れ読みを

６年生だから、この程度はだいたい読めるだろうという考えはまちがいです。古典特有のいい回しや歴史的かなづかいなど、難易度は高いのです。最初は連れ読みからはじめましょう。

○「やうやう」「をかし」などはふりがなをつけてもＯＫ

下の学年で百人一首などに親しんできた子どもたちなら、ふりがな無しでも読めますが、うろ覚えの子どもたちには、歴史的かなづかいにふりがなをつけさせることを取り入れてもいいのです。全員がスラスラ音読できるような工夫をしましょう。

○内容理解は二の次

音読がだいたいできるようなれば、解釈本などを使って、内容の理解も少しふれるようにします。枕草子の場合は、場面設定がはっきりしているので、理解しやすいと思います。

ポイント・工夫
苦手な子も楽しめる

他の教材とはちがって、内容理解にはあまりふれなくてもいいのが古典の扱いです。国語が苦手な子も、音読するだけならあまり抵抗なく取り組めます。

まとめや次への見通し

○最近はコミック版の清少納言や、枕草子の場面解釈なども出ています。内容理解の助けになるので、それを参考にすることもいいでしょう。

○発展として、「平家物語」の冒頭と読み比べて、リズムのちがいから貴族と武士の世の中のちがいを味わわせて、社会科の授業につなげることもできます。

春はあけぼの

春はあけぼの。やうやう白くなりゆく山ぎは、すこしあかりて、紫だちたる雲のほそくたなびきたる。

夏は夜。月のころはさらなり、やみのなほ、蛍の多く飛びちがひたる。また、ただ一つ二つなど、ほのかにうち光りて行くもをかし。雨など降るもをかし。

秋は夕暮れ。夕日のさして山の端いと近うなりたるに、烏の寝どころへ行くとて、三つ四つ、二つ三つなど、飛びいそぐさへあはれなり。まいて雁などのつらねたるが、いと小さく見ゆるはいとをかし。日入りはてて、風の音、虫の音など、はたいふべきにあらず。

冬はつとめて。雪の降りたるはいふべきにもあらず、霜のいと白きも、またさらでもいと寒きに、火など急ぎおこして、炭もて渡るもいとつきづきし。昼になりて、ぬるくゆるびもてゆけば、火桶の火も白き灰がちになりてわろし。

（第一弾）

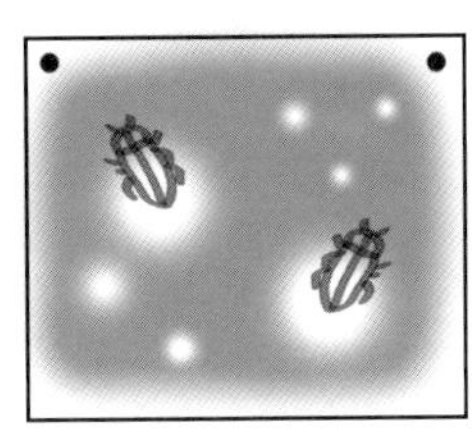
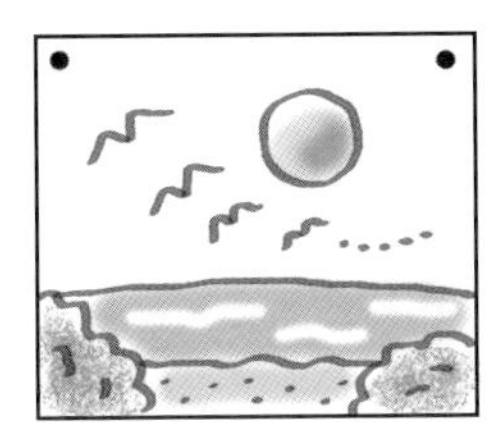

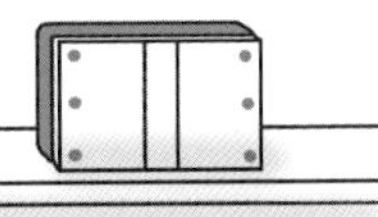

計算さかのぼり指導5◎わり算の筆算(÷１桁)から

１学期の間に習慣化していた基礎計算も、長期休みの間に抜け落ちてしまっていることもあります。ここは、再スタートのつもりでルールを再確認しながら進めていきましょう。

すすめ方
わり算の筆算（÷１桁）で確認を

○一度タイムをはかってから問題数を決める

わり算の筆算では「たてる、かける、ひく、おろす」になると、とたんにスピードが落ちる子どもがいます。５分で何問程度できるのか、一度やらせてみてから問題数を決めましょう。

○補助数字の位置確認を必ずする

わり算の筆算の計算を進める過程で、最もミスが多いのはひき算です。くり下がるときどこに補助数字を書くのか、かけ算のくり上がりの補助数字と混乱しないように、はじめるときに整理しておきましょう。

○抵抗感が少ない÷１桁

わり算の筆算（÷１桁）であれば、抵抗感も少なく取り組める子どもが多いのです。運動会の練習で、なにかにつけて「最高学年として…」とプレッシャーをかけられて身も心も疲れ気味なこの時期、あまり無理をさせない気配りも大切です。

ポイント・工夫
運動会の時期は新しいことはしない

心身ともに疲れている子どもたちです。新しい取り組みをはじめたいのはやまやまですが、９月は１学期の総復習の時期と考えて、登校しぶりの子どもやうまく対応できない子どもへの配慮に力を注ぎます。

まとめや次への見通し

○わり算の筆算（÷１桁）が正確にできるようであれば、９月末からは÷２桁に移っていくことも考えましょう。

○ひき算でミスが続く子どもには、100マスひき算の練習を休み時間などに進めます。

9月の基礎計算のわり算の筆算からはじめる

① 計算が終った人は静かに待つ

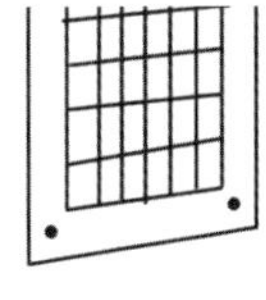

計算が終わった人は静かに待つ

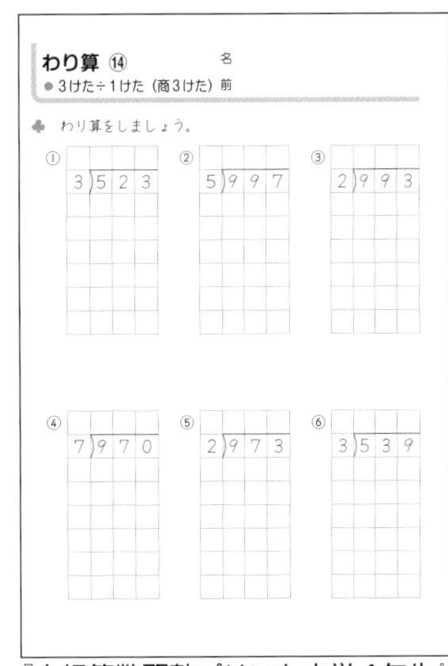

わり算 ⑭　　　名

● 3けた÷1けた（商3けた）前

♣ わり算をしましょう。

① 3)523　② 5)997　③ 2)993

④ 7)970　⑤ 2)973　⑥ 3)539

『中級算数習熟プリント小学４年生』
（清風堂書店）

③ たてる→かける→ひく→おろすのアルゴリズムを再確認

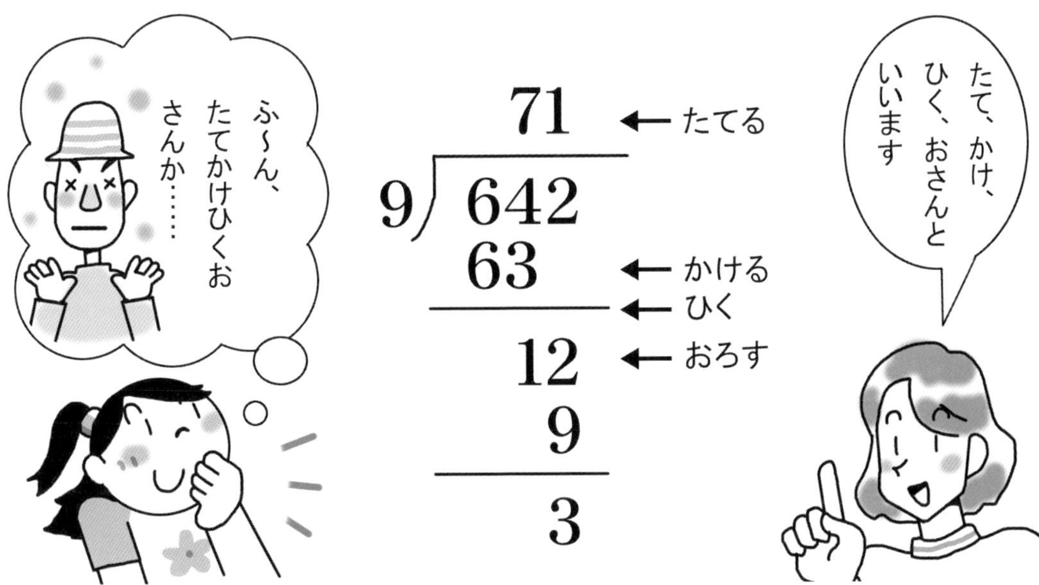

速さの導入◎田型の図を使って単位あたり量の復習

「速さ」の前に５年生の「単位あたり量」の復習をします。単位あたり量や速さなどは子どもたちにとって難しい教材です。かけるのか、わるのか、演算決定に迷うのです。

すすめ方
面積図を簡単にした田型の図の復習

○面積図の復習と確認

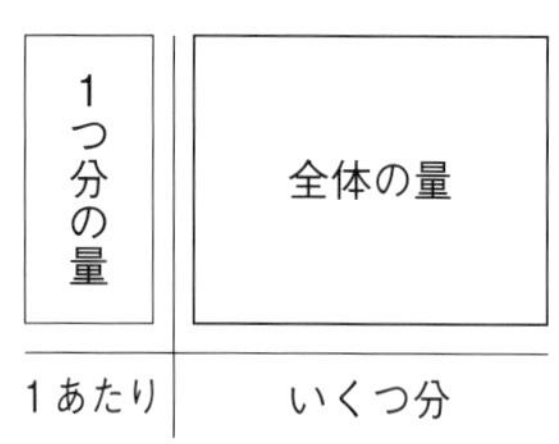

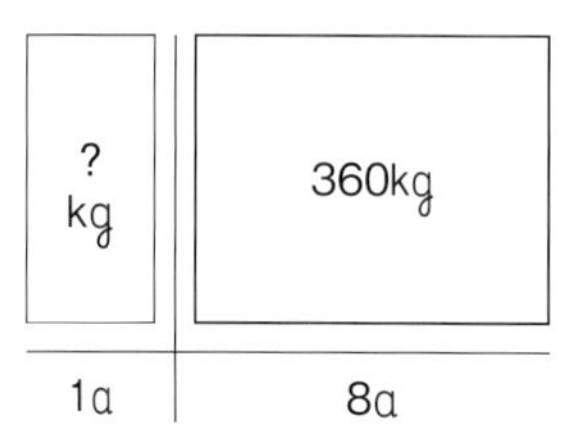

教師：５年生の復習です。単位あたり量の面積図はよく次のように書かれます。

教師：では数を入れます。

「８aの田んぼから360kgの米がとれました。１aあたり何kgの米がとれましたか」

360kg÷８a＝45kg/a

答え　45kg

ここでいくつかの問題を使って、面積図に数を入れて計算して答えを求める練習をさせます。

○面積図から田型へ

? kg	360kg
1a	8a

教師：これを田型の図にすると、次のようになります。

この図を使って、以下の田型の図の性質の説明をします。

①横の箱どうしの単位は同じ。

②ななめにかけた数が等しい。

360kg×１a=45kg×8a

③左下の枠はいつも「１」と決まっている。

ポイント・工夫
実際に数を入れて確かめる

田型の図に慣れさせるには、「単位あたり量」の問題をいくつか提示し、わかっている数を田型に書き込む練習をさせます。このとき数が入らない枠が必ず１か所があることを確認します。

まとめや次への見通し

○田型の図は面積図をシンプルにしたものです。これを使って、単位あたり量や速さ、割合など難しい文章題をわかりやすく教えていきましょう。

◎全体の量・いくつ分を求める

★全体の量（5年） 1aあたり850kgのみかんがとれる畑があります。6aからは何kgのみかんがとれましたか。

850kg	? kg
1a	6a

850×6＝5100　　答え　5100kg
単位をつけると、
850kg/a×6a＝5100kg

★いくつ分（5年） 1aあたり12kgのあずきがとれる畑があります。60kgのあずきをとるには何aの畑がいりますか。

12kg	60kg
1a	? a

60÷12＝5　　答え　5a
単位をつけると、
60kg÷12kg/a＝5a

9月・計算

◎「かけ算」や「わり算」の再学習もできる

☆1人にりんご5こずつ、7人に分けると全部で何こになるか。

5こ	?こ
1人分	7人分

5×7＝35
答え　35こ　です。

☆35このりんごを7人で同じ数ずつ分ける。1人何こになるか。

?こ	35こ
1人分	7人分

35÷7＝5
答え　5こずつ

☆35このりんごを1人に5こずつ分ける。何人に分けられるか。

5こ	35こ
1人分	?人分

35÷5＝7
答え　7人

ドキドキ
わり算だ！

速さの学習◎田型の図を使って

前項で「単位あたり量」を田型の図を使って立式をして求める復習をしました。ここでは速さの学習に田型を使う立式の仕方を提示します。速さ、時間、道のりのどれを求める場合も、演算決定を迷うことが少なくなります。

すすめ方

田型の図を使った速さの学習

以下のそれぞれ型別に練習をたっぷりさせます。その後には決定が迷うことなくできるように、混ぜた問題をさせるとさらに理解が深まります。

○速さを求める

? km	270km
1時間	3時間

【問題】特急電車が3時間で270km走りました。時速を求めましょう。

270km÷3時間＝90km／時間　　答え　時速90km

○道のりを求める

70km	? km
1時間	4時間

【問題】高速道路を時速70ｋｍで走る自動車があります。4時間で何km進みますか。

70km／時間×4時間＝280km　　答え　280km

○時間を求める

80km	100km
1時間	?時間

【問題】浦和市から宇都宮市までは、約100kmあります。時速80kmの自動車で走ると、何時間かかりますか。

100km÷80km／時間＝1.25時間　答え　1.25時間

ポイント・工夫

式には単位をつけよう

田型の図とともにおすすめしたいのが、式に単位をつけることです。単位をつけると、何を何でわっているのか、何と何をかけているのか、一目瞭然です。時速80kmは、80km／時間と書き、／は「パー」と読みます。「80kmパー時間」です。

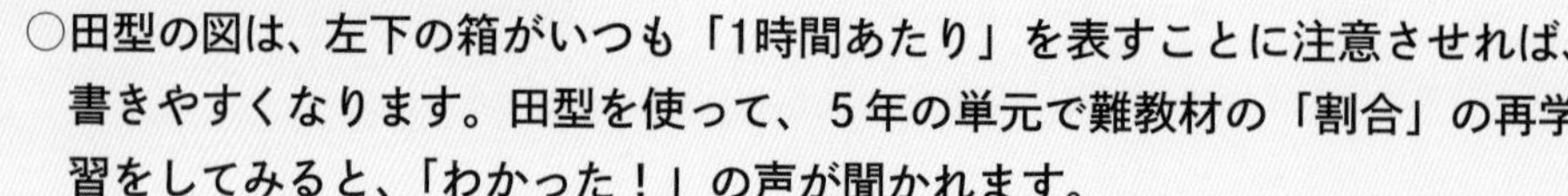

まとめや次への見通し

○田型の図は、左下の箱がいつも「1時間あたり」を表すことに注意させれば、書きやすくなります。田型を使って、5年の単元で難教材の「割合」の再学習をしてみると、「わかった！」の声が聞かれます。

◎田型の図を使った「割合」（5年）の再学習

★子どもは2つのことがわかりにくいです。

⑴　もとにする量の割合（全体）を「１」と見ること。

⑵　「もとにする量」と「比べる量」の区別。

⑴は、割合の学習の最初に、もとにする量を１と考えたときに比べる量の割合などの意味をおさえます。

⑵は、問題文にマークして進めます。

①　問題をよく読む。

②　「もとにする量」に波線〰〰をひき、「も」と書く。

・「～の」がついていることが多い。

・数でないときは言葉に波線をひく。

③　「比べる量」に直線＿＿をひき、「く」と書く。

④　割合を○で囲み、「わ」と書く。

割合の田型の図

もとにする量（全体の量）	比べる量（部分の量）
1	割合

9月・計算

割合には3つの用法があります。

25人	5人
1	?

★割合を求める（第１用法）　25人中、5人がめがねをかけています。めがねをかけている人の割合を求めましょう。

5÷25＝0.2　　答え　0.2

比べる量÷もとにする量＝割合　となります。

5m	?m
1	0.3

★比べる量を求める（第２用法）　白いリボンの長さは、赤いリボンの0.3倍にあたります。赤いリボンは5mです。では、白いリボンは何mでしょうか。

5×0.3＝1.5　　答え　1.5m

もとにする量×割合＝比べる量

?円	360円
1	0.4

★もとにする量を求める（第３用法）　360円の本を買いました。これは、もっていたお金の40%にあたります。はじめに何円もっていましたか。

40%は0.4

360÷0.4＝900　　答え　900円

比べる量÷割合＝もとにする量

このタイプの問題をよくまちがえます。ていねいに取り組みましょう。

読書指導２◎書評交換会を開く

行事に追われて、なかなか読書指導の時間がとれないのが高学年。そんな６年生におすすめなのが書評交換会です。短時間で行い、読書の質を高めるように工夫していきます。10月に入ったら、15分程度、隔週くらいのペースで継続していくといいでしょう。

すすめ方
おすすめ本カードを使う

○日ごろの読書をいかして

１学期から「読書２万ページへの旅」を継続してきています（54ページ）。迷っている子には、教師が他の子どもとのバランスを考えて、おすすめ本を提案します。これは家庭学習でもかまいません。

○短時間で手際よく進める

書きあげた「おすすめ本カード」を、数人のグループで回し読みをして、一言ずつコメントを書いていきます。終わったら数人を指名して、本の題名と友だちに書いてもらったコメントを、全員の前で読みあげて終わります。

○学級通信なども活用する

「おすすめ本カード」を、一覧表などにして学級通信でクラス全体や保護者に知らせることも大事です。友だちの読んでいる本には興味を示しますし、保護者向けに発行するとなれば、子どもはそれを意識して選書することにもつながります。

ポイント・工夫
定期的に開くことを宣言しておく

書評交換会の日程を、２学期の最初に決めておくといいでしょう。隔週金曜日の６時間目とか、水曜日の国語の時間の最後15分というように固定しておくと、子どもたちも準備ができます。教師側も忘れていたということがありません。

まとめや次への見通し

○書いた書評はまとめて、「読書２万ページへの旅」のなかにファイルすると、読書記録としてステキなものになります。

○友だちにすすめられて、今まで読んだことのないジャンルの本に挑戦する子どもが出てきたら、おおいにほめましょう。

書く・読み合わせ・知らせるの３段階で

① 書く（家庭学習）

この本おもしろい！

② 読み合う

③ 知らせる

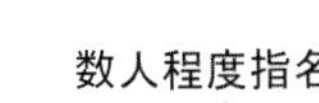

数人程度指名
して発表

◦ 学級通信で

10月○日　学級通信

ひまわり通信

6年O組おすすめの本

百人一首に親しむ１◎源平戦

百人一首に親しむには、いろいろな方法がありますが、源平戦のルールで進めると、２対２、１対１、チーム戦など応用がきき、いろいろな場面で使えます。２学期は音読・暗唱とルールの徹底、３学期は試合中心に進めていきます。

すすめ方

音読からはじめる

百人一首の札は20枚ずつ５組つくっておいて、その組ごとに練習も試合も進めます。

○３週間で20首、音読練習をたっぷりと

朝の会の時間の最後に、１週目・連れ読み５首ずつ、２週目・一斉音読10首ずつ、３週目・一斉音読20首ずつ、と３週間程度かけて、音読していい回しやリズムに慣れさせます。内容はわからなくても、短歌のリズムを覚えることを目標にします。

○20首程度で試合時間は５分～ 10分

４週目はいよいよ源平戦です。ルールをていねいに教えます。20首勝負なので、手札は10枚ずつ。先に手札がなくなった方が勝ちとなります。

○読み手は教師

子どものようすを見ながら進めるので、読み手は教師です。教師はＣＤなども販売されているので、それを聞きながら練習をしておきます。音程やリズムなどは、五七調でなくても自己流で十分です。

ポイント・工夫

源平戦はトーナメントがおすすめ

クラス全員でトーナメント戦をします。対戦カードによっては早い時期に強豪対決になったりして、その都度優勝者が変わるのが楽しいのです。

まとめや次への見通し

- ○秋口から20首の音読を少しずつはじめて、12月には百首が終わるように計画を立てて進めると、冬休みの課題として使えます。
- ○途中で、「決まり字」の説明をしたり、自分の好きな一首を決めて絵手紙風にして掲示するなど、アレンジが効くのが百人一首のよさです。

1日5～10分　1か月20首のペースで

① 計画　10月から20首ずつ３週間かけて音読、残りは冬休みの課題

1週目

2週目

3週目

スラスラ

② 作り方

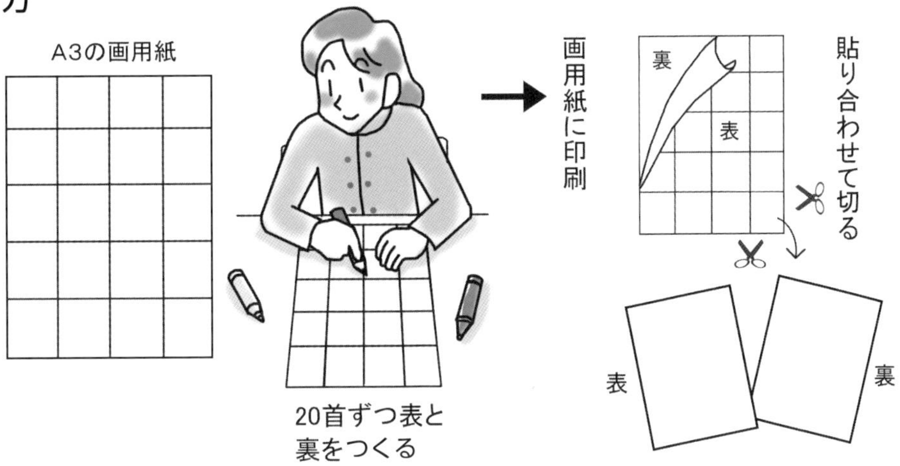

A3の画用紙

20首ずつ表と裏をつくる

画用紙に印刷

裏

表

貼り合わせて切る

表

裏

③ 源平戦のルール

- 両陣営に10枚ずつ札を分け、10枚の札を２段に自分の方を向けて並べる。
- 読み手が、百人一首の歌（上の句）を読む。
- 読まれた札に先に触れた陣営が、その札を獲得。
- 取った札を場から除き、その札が敵陣のものなら自陣の任意の札１枚を敵陣に送る。
- 読まれていない歌の札に触れた場合はお手つき。お手つきは敵陣から任意の札１枚が送られる。
- 場を整理する。
- 先に自陣の札がなくなった陣営の勝ち。

修学旅行新聞

修学旅行は６年生の一大イベントです。広島への平和学習の一環として総合的な学習に位置づけている学校もあります。子どもたちはうきうきして楽しむことを考えていますが、準備の段階から学習のまとめとして、新聞を作成することを目的に指導していきます。

すすめ方

学習７割、思い出３割

○出発前に記事の内容を決めておく

出発する前に、新聞のだいたいのレイアウトは考えさせておきます。原稿用紙に、メインの記事２～３本、サブの記事、コメントというようなレイアウトを考えさせておきます。

○楽しかったことも載せる

もみじまんじゅうの種類について書きたい、広島焼きを記事に、というような希望もあります。思い出を紹介する記事はサブとして入れられるようなレイアウトにします。このときに、コメント欄を設けると、子ども自身の一言感想が入って楽しいものになります。

○メインの記事には取材しなければわからないことを載せる

平和記念資料館で見たもの、被爆体験講話の感想、平和公園での聞きとり調査結果など、取材しなければわからないことをメイン記事にするように指導しておきます。

ポイント・工夫

代休の間に下書きは完成させる

修学旅行の翌日は、お休みになっている学校が多いので、その日のうちに取材メモの整理をし、できるだけ下書きまでをすませておくように、解散式のときに指示しておきます。こうすることで、学習の一環としての意識が高まります。

まとめや次への見通し

○取材メモや下書きを学校へもってきて、清書に取りかかります。どの子も実際に見たり、経験したりしてきているので、黙々と作業が進んでいきます。

修学旅行新聞

思い出いっぱい修学旅行新聞
宮島での
おみやげタイム!!
新聞
発行日
天満東小学校
6年2組

取材メモを
出しましょう

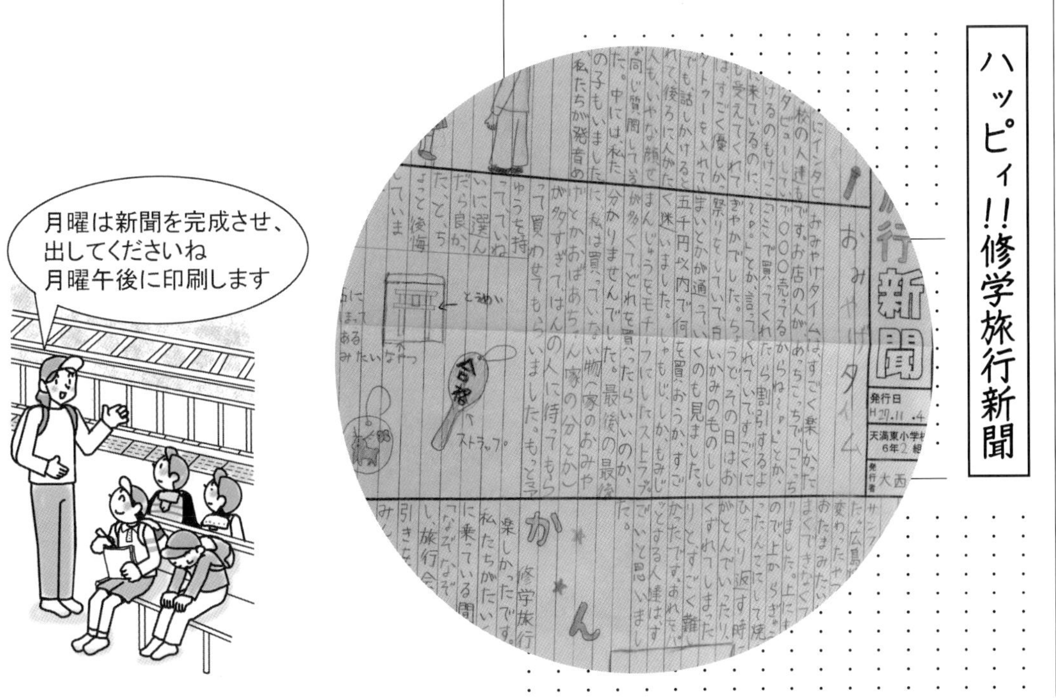
月曜は新聞を完成させ、
出してくださいね
月曜午後に印刷します
ハッピィ!!修学旅行新聞
おみやげタイム
新聞
発行日
天満東小学校
6年2組

リズム漢字を使って漢字総復習１

新出漢字の指導がすべて終わった10月ころから小学校で習った漢字1006字の総復習を開始します。６年生と５年生の「リズム漢字」を使って、楽しく音読しながら復習をしていきます。記憶に新しい６年生の漢字からはじめると、あまり抵抗なく総復習に入れます。

すすめ方

音読→暗唱→書き取りの順で

○まずは思い出して音読

１学期にも取り上げた「リズム漢字」の音読に再度挑戦します（32ページ参照）。一度習っているので、スラスラと音読できるようになるのにはさほど時間はかかりません。すでにリズム文を暗唱してまっている子どももいるかもしれません。

○書き取りテストは５行35文字ずつ

音読と暗唱がほぼできている状態でテストをします。１行７字×５行＝35文字のテストで、時間としては５分程度です。１週間、同じ問題をします。２週目は次の５行のです。

新出漢字のミニテストと同じように、採点は即その場で、直しもその日のうちにさせます。

○シールは大人気

６年生といえども、合格したらシールというのはたいへん魅力的なようです。35文字の漢字全部を完璧に書き上げることはなかなか難しいことです。「シール　ゲット」を楽しみに練習できれば、ベストです。

ポイント・工夫

同じ問題でも合格したらその都度シールを

１週間で1回目は合格、２回目は90点、３回目は合格…、といった場合も、合格したらその都度シールを貼ります。なかには、全部合格でたくさんのシールを集めるという子も出るかもしれません。励みになればそれでいいと考えましょう。

まとめや次への見通し

○６年生の「リズム漢字」は１週間５行（35文字）ずつします。45行ありますから９週間かかります。終われば、５年生（43行）のものへと学年をさかのぼっていきます。

学習漢字1006字の総復習を楽しく進める

① 計画例

	10月	11月	12月	1月	2月
6年	1、2、3	4、5、6、7	8、9		
5年			1、2	…	

② テスト例

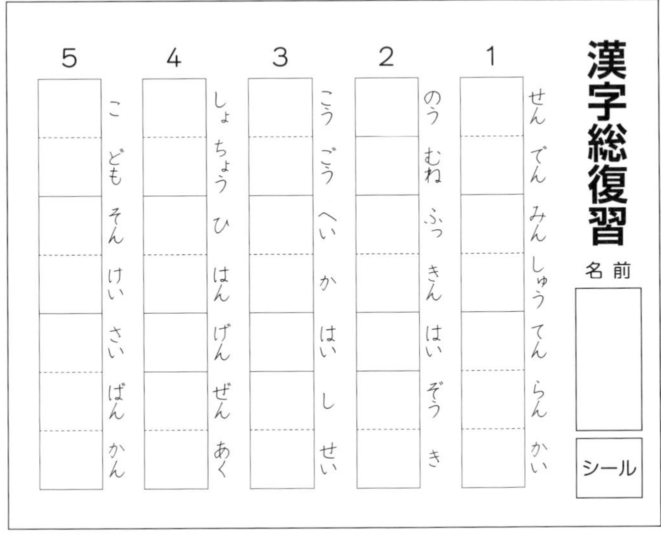

漢字総復習

名前

シール

1 せん でん みん しゅう てん らん かい

2 のう むね ふっ きん はい ぞう き

3 こう ごう へい か はい し せい

4 しょ ちょう ひ はん げん ぜん あく

5 こ ども そん けい さい ばん かん

③ シールゲット！　ゲーム感覚も取り入れて

計算さかのぼり指導6◎わり算の筆算(÷2桁)

整数計算のなかで、最も難しいのがわり算の筆算(÷2桁)です。運動会が終わり、学習に取り組みやすいこの時期に、習熟をはかり基礎を盤石にしたいものです。

すすめ方
1か月（4週間）かけて完成形に

○問題は4パターン用意する

他の計算とちがって、つまずいている子どもが多いので、1週目はあまりなし、2週目はあまりあり、3週目以降は混合というように。また、仮商修正1回、2回などと問題の難易度を上げていきます。

○記録カードも週ごとに変える

この時期になると、答え合わせも記録することも、スムーズにできるようになっています。問題が変わるので、番付も週ごとに変えるようにするのです。

○商の立つ位を意識させる

苦手な子どもには、片手かくしや両手かくしの方法を再度教えて、商の立つ位置がはっきり意識できるように補助をしましょう。6年生ですから、少しヒントを与えれば、できるようになります。

ポイント・工夫
苦手意識を払拭していく

この計算が不正確で遅い子どもたちは、算数に対する苦手意識が強い子どもたちです。問題を前にして、最初から投げているようなこともあります。この機会に、誰でも練習さえすればできるということを実感させましょう。

まとめや次への見通し

○10月までが計算総復習の機会と考えて、つまずいているところをていねいに復習していきます。

○授業時間を使うことは回り道のように思えますが、ここまでくればほとんどの子どもに力がついてきているので、下半期はとても楽になります。

◎１週間取り組みで問題の難易度を上げる

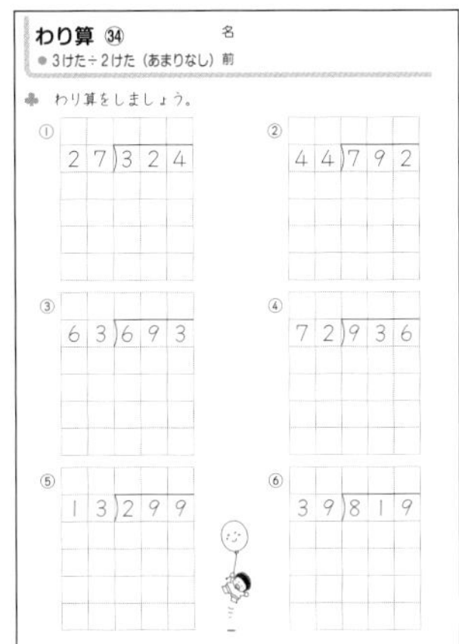
わり算 ㉞　名前
● 3けた÷2けた（あまりなし）

♣ わり算をしましょう。

① 27)324　② 44)792
③ 63)693　④ 72)936
⑤ 13)299　⑥ 39)819

わり算 ㊳　名前
● 3けた÷2けた（あまりあり）

♣ わり算をしましょう。

① 43)908　② 27)571
③ 42)944　④ 61)803
⑤ 56)805　⑥ 37)858

わり算 ㊷　名前
● 仮商修正１回

♣ わり算をしましょう。

① 63)815　② 46)543
③ 56)725　④ 24)523
⑤ 35)765　⑥ 43)552

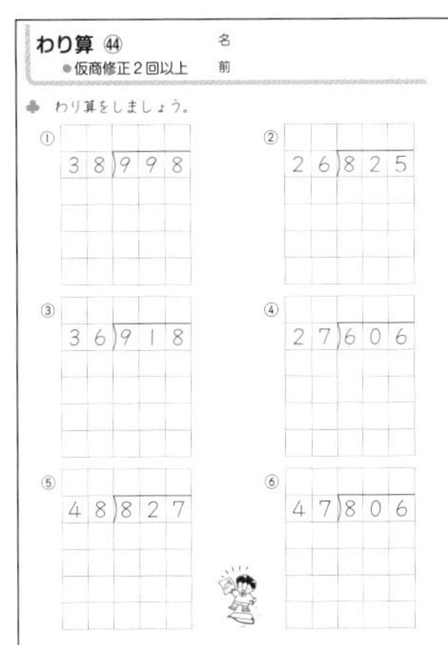
わり算 ㊹　名前
● 仮商修正２回以上

♣ わり算をしましょう。

① 38)998　② 26)825
③ 36)918　④ 27)606
⑤ 48)827　⑥ 47)806

『中級　算数習熟プリント　小学４年生』（清風堂書店）

◎片手かくし・両手かくし

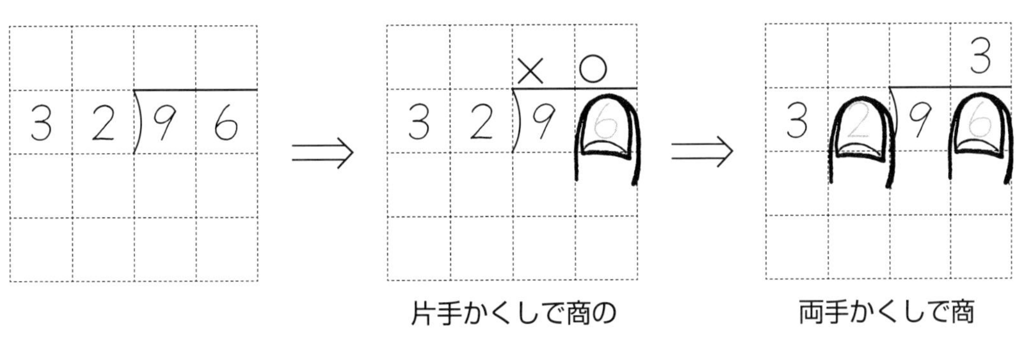

片手かくしで商の立つ位置を決める

両手かくしで商を決める

百人一首を楽しむ２◎源平戦に勝つために

10月にはじめた百人一首、源平戦のルールもわかり、ほとんどの子どもが歌をスラスラ音読できるようになってきます。次はどうしたら源平戦で勝てるかを教えていきます。内容の理解と決まり字のルール、並べ方など、いろいろな工夫があることを指導して盛り上げます。

すすめ方

子どもの工夫からスタートする

○強い子どもに指南役を任せる

暗記しているだけでなく、決まり字のルールを身につけていたり、並べ方で工夫をしていたりと、それぞれコツを身につけている強い子どもを指南役に、強化練習週間を設定します。

○意味理解は漫画本で

同じ決まり字のある札は、内容を理解すれば自然に取れるようになります。このときに漫画本がとても役に立ちます。図書室に複本で置いてあることが多いので、それを紹介して少し説明を加えると、子どもたちの理解が速いです「ちはやと覚える百人一首『ちはやふる』公式和歌ガイドブック」（講談社）。

○最後は作者名で

この時期になると、決勝戦などは決まり字だけで十分試合になります。さらに、それを盛り上げるには、作者名も合わせて覚えることを求めると、「阿倍仲麻呂」といっただけで、取れるようになります。

ポイント・工夫

学年行事にしていく

10月ごろから準備して２月ごろまで、６年生の学年行事にしていくと、私学受験の波に洗われる年末年始を、子どもも学級もあまり崩れることなく通過することができます。詳しくは「学年百人一首大会」（118ページ）

まとめや次への見通し

○１試合ごとに盛大な表彰式をすることもお忘れなく。知的なゲームで盛り上がることで私学受験直前の「不安と迷い」の霧を晴らしてくれます。

知的ゲームで学級を盛り上げよう

① 決まり字

「決まり字」とはそこまで聞けば下の句がわかる、上の句にある最小限の文字のことです。
「一字決まり」は7首あります。他に「2字」は42首、「3字」は37首あります。

② 子どもどうしで教え合う

③ こんなやり方で知的に盛り上げる

音読会２◎表現読みの指導

国語の授業で学習した文学教材を使って、叙述に即した表現方法を工夫させて音読発表をさせます。１学期と同様に、相互評価、ビデオによる記録映像などを参考にしながら（52ページ参照）、音読から朗読へと少しずつレベルを上げていきます。

すすめ方

読み取ったことがらをいかした音読

○叙述に即した音読

文学教材では、登場人物の心情を表現することが求められます。読解指導の際に、心情や場面のようすなどを理解させることが前提になります。

○工夫について話し合わせる

子どもにとってわかりやすい工夫、間の取り方、声の強弱・高低などから、表現読みに取り組ませるようにします。解釈がちがった場合は、全体の場で意見を出させ、話し合ったうえで、再度練習に取り組ませるようにしましょう。

○個人練習とグループ、全体練習を組み合わせる

全体練習の場で、優れた表現をしている子どもを指名し、何が優れているのかを共有する時間を必ず設定します。グループ練習の際も同様です。

ポイント・工夫

個人練習任せにしない

高学年になると、気恥ずかしさから、なかなか表現読みができない子どもも増えてきます。全体の場で、工夫した表現をすることの意義を毎回ていねいに指導していきます。

まとめや次への見通し

○相互評価シート（53ページ）の項目に「優れていると思う表現の仕方」を加えると、発表会の意欲づけになります。

○できれば、クラス単独ではなく学年、全校で発表の場を設けると、さらに意欲が高まります。

音読から朗読へ

① 発表の進め方

② 練習のさせ方

計算さかのぼり指導７◎わり算Ｃ型に挑戦！

九九を唱えてする基本わり算のＣ型は、商を立て、あまりを求めるときにくり下がりのあるひき算が必要な計算です。これができれば、計算は速く正確になります。11月危機をのりこえるための大事なアイテムとして、わり算のＣ型にチャレンジさせましょう。

すすめ方 同じ問題を学校で50問、家庭で50問

○50問でスタート

わり算のＣ型は全部で100問あります。しかし、いきなり100問に取り組ませるのではなく、50問ではじめます。なかには、あまりを出すひき算がうまくいかない子どももいます。そのときは、かけ算の積を補助数字として書いて（右ページ参照）、あまりを出すように指導しましょう。

○宿題でも50問させる

50問を学校と宿題で２回することを基本にします。計算を１日100回させて習熟をはかります。学校のプリントと宿題とは同じ問題にしておけば、答え合わせも短くてすみます。

○番付は１試合で出す

２週間で番付（43ページ）を出します。１度目の番付と、２度目の番付とは大きくちがってきます。練習すればするほど、正確で速くできるようになるのが、この計算のおもしろいところです。

ポイント・工夫 他のクラスの記録表を見せて高みをめざさせる

自分は計算が得意だと思っている子どもたちには、このＣ型100問を３分でやった結果を見せ、高みをめざさせます。学力研には、実践のようすを記録したものがあります。「百聞は一見に如かず」です。

まとめや次への見通し

○12月にはＣ型100問へと進むつもりでいることを、全員がスラスラできるようになった時点で、知らせます。

100問3分を目標に、まずは50問から

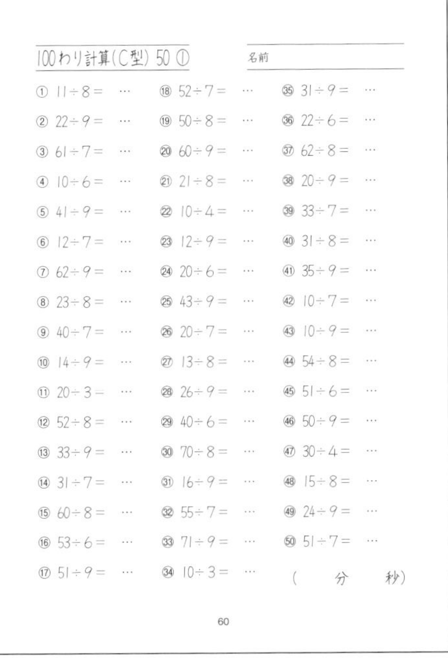

100わり計算（C型）50 ①　　名前

① 11÷8＝　…	⑱ 52÷7＝　…	㉟ 31÷9＝　…
② 22÷9＝　…	⑲ 50÷8＝　…	㊱ 22÷6＝　…
③ 61÷7＝　…	⑳ 60÷9＝　…	㊲ 62÷8＝　…
④ 10÷6＝　…	㉑ 21÷8＝　…	㊳ 20÷9＝　…
⑤ 41÷9＝　…	㉒ 10÷4＝　…	㊴ 33÷7＝　…
⑥ 12÷7＝　…	㉓ 12÷9＝　…	㊵ 31÷8＝　…
⑦ 62÷9＝　…	㉔ 20÷6＝　…	㊶ 35÷9＝　…
⑧ 23÷8＝　…	㉕ 43÷9＝　…	㊷ 10÷7＝　…
⑨ 40÷7＝　…	㉖ 20÷7＝　…	㊸ 10÷9＝　…
⑩ 14÷9＝　…	㉗ 13÷8＝　…	㊹ 54÷8＝　…
⑪ 20÷3＝　…	㉘ 26÷9＝　…	㊺ 51÷6＝　…
⑫ 52÷8＝　…	㉙ 40÷6＝　…	㊻ 50÷9＝　…
⑬ 33÷9＝　…	㉚ 70÷8＝　…	㊼ 30÷4＝　…
⑭ 31÷7＝　…	㉛ 16÷9＝　…	㊽ 15÷8＝　…
⑮ 60÷8＝　…	㉜ 55÷7＝　…	㊾ 24÷9＝　…
⑯ 53÷6＝　…	㉝ 71÷9＝　…	㊿ 51÷7＝　…
⑰ 51÷9＝　…	㉞ 10÷3＝　…	（　分　秒）

60

①手まどっている子には

② 子どもに伸びを実感させる

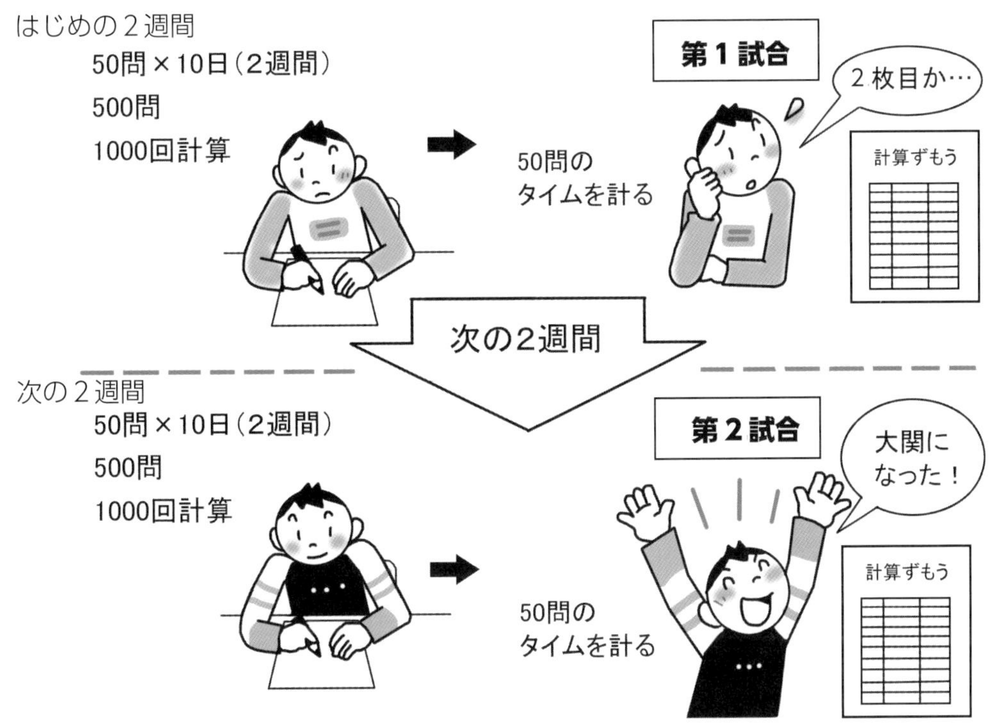

11月危機をのりこえる

運動会、音楽会と学校や学年全体での取り組みが終わり、ほっと一息。しかし、集団指導から担任ひとりの力でのりきらなければならなくなったこの時期が正念場です。子どもたちの本音と向き合う必要があります。

すすめ方

行事のときの姿は忘れる

○行事のときの子どもの姿は一時的なもの

運動会や音楽会のときのあの凛々しい姿は、その瞬間だけのものと考えます。参観者の多い行事では、一時的に気分がハイになり、思わぬ力を発揮したのだとわり切るのです。日常生活の姿はまた別です。

○行事のまとめの時間を設定する

行事後の切り替えのポイントは、行事後３日の間にそのまとめをすませてしまうことです。うまくいったこと、いかなかったことを作文に書かせたり、発表会を開いたりして、子どもたちの気持ちのなかでも区切りをつけさせます。

○ほっとする時間を設定する

行事に向けて休み時間や家庭でも必死に練習してきたのですから、少しの期間はのんびりした雰囲気も必要です。行事の翌週から、元通りに学習を進めるのには無理があります。成功お祝いの会なども企画して、休憩させてやりましょう。

ポイント・工夫

授業計画のノートの見直しを

毎日の授業の計画を立ててきた授業ノートですが、行事のために進度が遅れていることも考えられます。とくに、算数と社会科が心配です。再度、12月末に向けて計画を修正していきます。

まとめや次への見通し

○のんびりした１週間ほどの間に、子どもたちから「先生、実は音楽会の練習のときに…」と訴えがありました。これをひき出すことができれば、11月危機は回避できます。

学級づくり

行事後のリスタートはゆるやかに

学校行事、学年行事で「最高学年」としてのふるまいを常に求められる６年生、行事が終了後のケアは大切です。プレッシャーをのりこえてきた子どもたちを労い、心身ともときほぐしてあげましょう。

① 行事のまとめで子どもに一区切りさせる

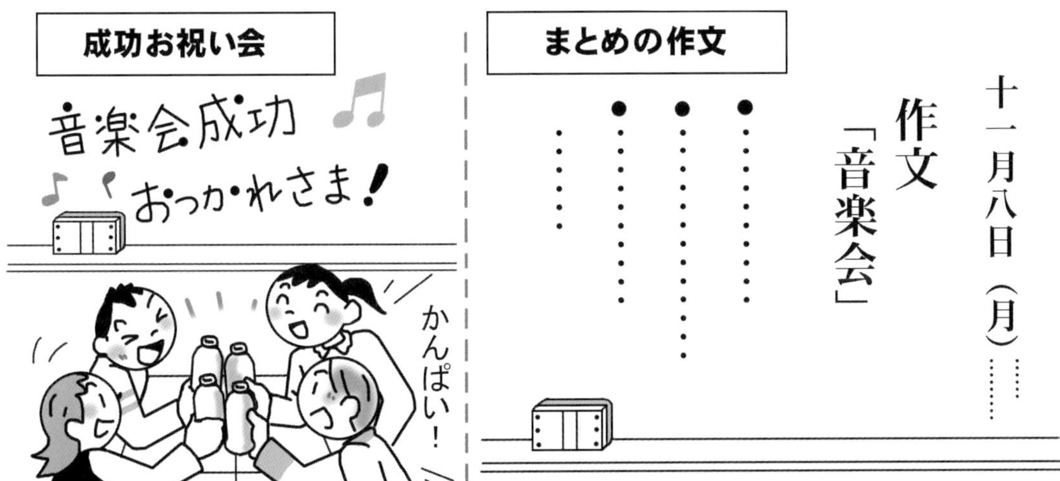

② こんなときは、（トラブルが耳に入る、対処法）

- 子どもの話を聞いてはげます。
- 全体の場で発言してくれた勇気をほめます。

音読・群読の仕上げ◎呼びかけの指導

卒業式の「呼びかけ」の指導は、１年間の音読と群読の仕上げと位置づけて取り組みます。原案の作成、分担、演出なども子どもたちと相談しながら、進めていきます。

すすめ方

みんなが輝けるような呼びかけに

○原案作成では

遅くとも12月ごろから作成をはじめます。子どもたちから、思い出に残っていることがらを募り、五七調でまとめさせます。それを時系列に沿って並べてみて、実行委員の子どもたちと相談しながら構成していきます。

○分担で気をつけること

できあがった「呼びかけ」を分担するときには、声の通りにくい子どもや表現が苦手な子どもには配慮が必要です。バタバタと忙しいなかで決めると、あとの練習期間中ずっと嫌な思いをする子どもを出してしまうことになります。学年のなかでよく練ってから決めていきましょう。

○ソロ、クラス、全体のパートをバランスよく

最初はソロパートを多く、家族への感謝ではゆったりと、終盤は力強く卒業の決意を述べる、など人数のバランスも大事です。また、５年生や４年生にもわかりやすいリズムで「呼びかけ」ができるよう指導していきます。

ポイント・工夫

映像の力も借りて

当日の演出にも気をつけます。「呼びかけ」は卒業式のクライマックスです。Power Pointなどで、入学から卒業までの思い出の写真などを編集して、ステージなどのスクリーンに大写しするようにすると、感動的な演出になります。

まとめや次への見通し

○卒業関係の準備は、どれも早めにスタートをするのが原則です。とくに、子どもたちとともに創り上げる呼びかけは、何度も練り直す必要があるので、遅くとも12月末には企画を立てなければなりません。

一人ひとりが輝く「呼びかけ」をつくり上げる

① 十分な準備期間が必要

12月	1月	2月	3月
呼びかけ 思い出集め 呼びかけの言葉を選ぶ	分担決めと練習	再度調整	練習 ● 本番

② 呼びかけの練習

人数の多い学校では、思い出の写真を大写しにすると感動的

計算さかのぼり指導８◎わり算Ｃ型100問へ

この時期は、私学受験の子どもたちのプレッシャーも手伝って、学級の雰囲気が少し荒れ気味になります。教科書の内容は習ってしまっている受験組も、100問へのチャレンジには意欲をもってできます。

すすめ方

自分の限界に挑戦する

○読めない数字は書かない

11月ではわり算のＣ型50問で練習していましたが、いよいよ100問一気に計算させます。この計算に入ると、気持ちがあせるのでどうしても数字が乱雑になりがちです。読めない数字には遠慮なく×をつけるよう、答え合わせのときに指導しておきます。最高学年として「速く、しかも美しく」を要求しましょう。

○答え合わせにひと工夫

100問の答え合わせは大変です。「32÷７＝４あまり４」の場合、「４と４」というように、商とあまりを続けていわせるようにすると、うまくいきます。

○タイム計測はしない

毎日計算はしますが、タイム計測にはまだ入りません。苦手な子どもがあせって、まちがえることがないようにします。ただし週に一度は全員が終わるまでの時間を計ります。７分から８分で終われるようになるまで、毎日続けましょう。

ポイント・工夫

苦手な子どもへの手立て

問題数が多いので、細かい作業が苦手な子どもがいる場合、その子のプリントは拡大版を使用するといいでしょう。かけ算の積が書きこめるだけのスペースを確保して進めます。

まとめや次への見通し

○１月には本格的に計算ずもう形式で進めることを知らせておきます。
○冬休みの特訓も認めます。この特訓のときにできれば、教師もいっしょに計算することをおすすめします。冬休みに「闇練」をしておきましょう。

100わり計算（C型）100（　分　秒）名前

① 61÷9＝　…
② 10÷7＝　…
③ 31÷9＝　…
④ 22÷8＝　…
⑤ 11÷6＝　…
⑥ 34÷7＝　…
⑦ 30÷4＝　…
⑧ 53÷6＝　…
⑨ 41÷9＝　…
⑩ 40÷6＝　…
⑪ 50÷9＝　…
⑫ 12÷8＝　…
⑬ 41÷7＝　…
⑭ 35÷9＝　…
⑮ 20÷7＝　…
⑯ 52÷6＝　…
⑰ 14÷9＝　…
⑱ 52÷8＝　…
⑲ 60÷7＝　…
⑳ 21÷9＝　…
㉑ 61÷8＝　…
㉒ 30÷9＝　…
㉓ 51÷7＝　…
㉔ 62÷9＝　…
㉕ 11÷4＝　…
㉖ 54÷8＝　…
㉗ 44÷9＝　…
㉘ 52÷7＝　…
㉙ 10÷9＝　…
㉚ 51÷8＝　…
㉛ 20÷3＝　…
㉜ 26÷9＝　…
㉝ 30÷7＝　…
㉞ 21÷6＝　…
㉟ 60÷9＝　…
㊱ 15÷8＝　…
㊲ 71÷9＝　…
㊳ 11÷7＝　…
㊴ 31÷4＝　…
㊵ 12÷9＝　…
㊶ 54÷7＝　…
㊷ 30÷8＝　…
㊸ 22÷6＝　…
㊹ 33÷9＝　…
㊺ 20÷8＝　…
㊻ 52÷9＝　…
㊼ 10÷6＝　…
㊽ 23÷9＝　…
㊾ 51÷6＝　…
㊿ 60÷8＝　…
(51) 15÷9＝　…
(52) 62÷8＝　…
(53) 22÷9＝　…
(54) 31÷8＝　…
(55) 13÷7＝　…
(56) 70÷9＝　…
(57) 14÷8＝　…
(58) 61÷7＝　…
(59) 55÷8＝　…
(60) 23÷6＝　…
(61) 40÷9＝　…
(62) 21÷8＝　…
(63) 17÷9＝　…
(64) 32÷7＝　…
(65) 10÷4＝　…
(66) 80÷9＝　…
(67) 11÷8＝　…
(68) 42÷9＝　…
(69) 12÷7＝　…
(70) 16÷9＝　…
(71) 23÷8＝　…
(72) 55÷7＝　…
(73) 70÷8＝　…
(74) 24÷9＝　…
(75) 50÷6＝　…
(76) 51÷9＝　…
(77) 71÷8＝　…
(78) 40÷7＝　…
(79) 34÷9＝　…
(80) 10÷8＝　…
(81) 53÷7＝　…
(82) 11÷9＝　…
(83) 31÷7＝　…
(84) 25÷9＝　…
(85) 20÷6＝　…
(86) 50÷8＝　…
(87) 62÷7＝　…
(88) 53÷9＝　…
(89) 13÷8＝　…
(90) 43÷9＝　…
(91) 11÷3＝　…
(92) 63÷8＝　…
(93) 50÷7＝　…
(94) 13÷9＝　…
(95) 41÷6＝　…
(96) 20÷9＝　…
(97) 33÷7＝　…
(98) 10÷3＝　…
(99) 32÷9＝　…
(100) 53÷8＝　…

『100わり計算プリント　小学6年生』（フォーラム・A）

国語予習ノートのまとめ方を指導する

音読の仕方や新出漢字の練習、難語句調べなどは、４月から指導してきました。(10・12ページ参照)。３学期にはそれだけではなく、予習として内容の読解にも少しふれるようなノートづくりを指導します。中学に向けての最終仕上げになります。

すすめ方

ていねいにやり方を教える

○最初は授業中に取り上げる

６年生も３学期になると、学習する教材の数が少なくなります。そのゆとりを使って、まずは授業で全員に次の日に授業で取り上げる範囲について、予習の方法を指導します。

○これまでの音読、難語句調べのやり方を確認する

教材文をスラスラ読めるようにすることや、難語句調べもこれまでなかなかできていなかった子どももいます。ここで、効率的なやり方を再確認します。20分程度の時間を取り、個別にやらせてみます。そのうえで上手にまとめられているノートを紹介して、手本にするように指導します。

○内容についても書かせる

残りの時間で、内容についてもノートに書かせていきます。主題にかかわること、主人公の気持ちの変化、重要語句の抜き書きなどをまとめます。最後に、隣とノート交換をしてお互いのうまくできているところを交流していきます。

ポイント・工夫

ノートコンテストがおすすめ

予習ノートの場合、書く内容が同じなので、相互評価の題材にぴったりです。国語の苦手な子どもが、意外に予習ノートの仕上がりがよかったりして、逆転現象が起きるのも楽しみです。

まとめや次への見通し

○卒業に向けて小学校総まとめの学習の１つです。子どもたちが落ち着かなくなってくる時期、中学に向けてという言葉で、緊張感をもって学習することができます。

◎中学に向けて―自学力をみんなでみがく

子どもの予習ノート

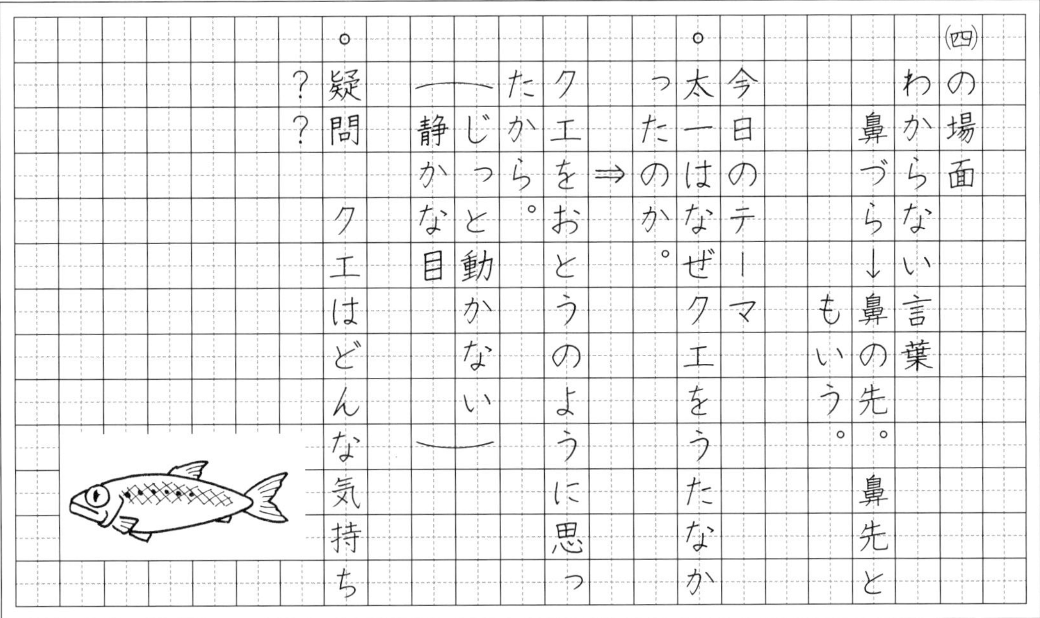

(四)の場面
わからない言葉
鼻づら↓鼻の先。鼻先と
もいう。

今日のテーマ
。太一はなぜクエをうたなか
ったのか。
⇒
クエをおとうのように思っ
たから。
じっと動かない
静かな目

。疑問　クエはどんな気持ち
？？

○予習ノートコンテスト

① 子どもは、ノートを机に広げておき、ろう下に出る。
② 教師は、ノートの位置を入れ替える。
③ 子どもは、３個のシールをよいと思うノートに貼る。

リズム漢字を使って漢字総復習２

小学校で習った漢字1006文字の総復習の続きです。３学期には３・４年の漢字へと移っていきます。６年生の子どもたちには簡単なように思えますが、200文字×２学年と文字数も多いので、ここでの復習は大事です。

すすめ方
音読→暗唱→書き取りの順で

○スピードを上げて音読させよう

朝の時間や国語の授業はじめを使います。既習事項だということを意識できる年齢です。高学年のリズム漢字よりも、ややスピードを上げて音読するように指導します。スピード読みにも挑戦させるのもいいですね。音読の後は暗唱です（32・92ページ参照）。

○書き取りテストは10問ずつ、５分で

暗唱の後は、１行７字×10行＝70文字のテストをします。１週間は同じ問題ですが高学年の倍です。即採点して、直しもその日のうちにさせます。音読と暗唱がほぼできている状態でテストをしているので、時間としては５分程度で十分です。

○70字でもだいじょうぶ

70字の漢字全部を完璧に書き上げることはなかなか難しいことです。ただ、中学年の漢字は生活のなかで具体的に使っていることも多いので、字数が増えても案外だいじょうぶです。６年生といえども、合格したらシールというのはたいへん魅力的なようで、「シールゲット」めざしてがんばります。

ポイント・工夫
プライドをくすぐる指導を

70字に増えた分ハードルも高くなっています。「６年生なんだから４年の漢字はできるでしょ」とプライドを大切にする言葉かけでのりきらせましょう。

まとめや次への見通し

○１週間で10行ずつが基本です。リズム文は合わせて75行ありますから、２月には別の方法での漢字総復習（132ページ）をはじめたいと思えば、１週間ずつ進めていくと時間がたりなくなります。そこで、新単元の授業がほぼ終わって余裕が出る算数の授業時間をあててもかまいません。

配当数の多い3・4年の学習漢字

リズム漢字 3年生

学習漢字200字・リズム短文35

よみあり

年　組　名前

●これから学習するリズム文です。じゅく語（一の ところ）で区切って読みましょう。●

1 寒波流氷銀世界
2 期待軽重全階級
3 歯科医病院所有する
4 平安神宮庭相談
5 鉄柱整列等身大
6 乗客荷物中央駅
7 代表委員起立礼
8 投球練習秒速倍
9 終始鼻血体育係
10 対岸定住他民族
11 自由研究昭和区で
12 洋服羊毛皮問屋
13 県知事昔都助役
14 悪童反発笛宿題
15 進路決定内申書
16 温度予想植物油
17 校章用意手帳持つ
18 暗算苦手勉強急ぐ
19 写真感動鳥取港
20 君主王様島追放
21 板橋文庫漢詩集
22 農業向上豆実る
23 悲曲短調放送局
24 飲酒返上運転守る
25 筆者死去号外受
26 箱根湯本旅館着
27 暑中休息畑仕事
28 両国深川横丁祭
29 注目勝負水泳部
30 登山緑化落葉拾い
31 湖面太陽上る坂
32 打電使命炭消火
33 九州大皿魚美味
34 遊具開発商品配る
35 幸福薬指式次第

民（10）は4年生で学習します。

つれよみ CD 23〜26 Tr.　お手本よみ CD 4〜7 Tr.

34　35

リズム漢字 4年生

学習漢字200字・リズム短文40

よみあり

年　組　名前

●これから学習するリズム文です。じゅく語（一の ところ）で区切って読みましょう。●

1 自然観察北極隊
2 季節果物野菜好き
3 粉末飛散億単位
4 欠席無念初試験
5 周辺便利街灯照る
6 熱帯景観印象的
7 包囲説得敗残兵
8 歴史伝達陸軍旗
9 氏名年令勇者書く
10 笑い連続最愛児
11 右側右折巣付近
12 停車案内録音機
13 木管楽器学芸会
14 初孫目覚三輪車
15 昨年以前旧世紀
16 給料不満求人票
17 救急訓練倉焼失
18 貯金大変共有費
19 食堂夕飯塩材料
20 大臣成功建設省
21 胃腸静脈低栄養
22 老漁夫関節完治する
23 副賞希望健康器
24 協議特例労働法
25 府民結束選挙戦
26 海底固く位置深い
27 機械改良祝量産
28 博士必要英辞典
29 参加熱唱郡長官
30 牧師司祭信徒泣く
31 天候順調種発芽
32 浅い清流冷水浴
33 害虫毒殺松竹梅
34 和差積商衣食住
35 卒業告白喜ぶ仲
36 航空標語未完成
37 札束印刷約一兆
38 競争努力各課題
39 金貨直径種類別
40 小型手鏡借用願

※旧（15）、設（20）、師（30）は5年生で学習します。

つれよみ CD 27〜30 Tr.　お手本よみ CD 8〜11 Tr.

52　53

『リズムでおぼえる漢字学習』（清風堂書店）

計算さかのぼり指導9◎小学校最高レベルをめざす

11月にわり算C型100問に挑戦する他校の記録を見た子どもたちですから、対抗意識は十分もっています。いよいよタイム計測に入ります。3分間で何問できるかを、計算ずもう形式で記録していきます。

すすめ方

クラス全体の底上げを意識する

○目標を他の学校のクラスに設定する

わり算C型100問を「3分以内で100点」が何人出るかを、他の学校のクラスと競わせるという設定をすれば、子どもたちは燃えます。他の学校は卒業生の過去のデータでもいいのです。逆に、隣のクラスと競わせることは絶対やめます。学年の連携を崩すもとになります。

○全員のタイムが縮むことを考えさせる

目標ははっきりしているのですから、苦手な子どもの練習をどう組織していくかが課題となります。下校後、近所の友だちといっしょに練習する、学校の休み時間に速い子どもがコツを教えるなど、一丸となって取り組めるようにしていきます。

○教師もやってみる

教師も参加して、子どもたちに抜かれるのを体感してみるのもすばらしい経験です。子どもの成長を実感できます。なんといっても子どもたちは教師を抜いたことで充実感を得ます。

ポイント・工夫

目標を達成すれば、盛大にお祝いを

卒業に向けて、クラスの連帯をはかるにはもってこいの取り組みです。目標にしていたクラスに勝てば、盛大にお祝いの会をしましょう。その勢いで、残り2か月をのりきることができます。

まとめや次への見通し

○2月からは算数の総復習に入ります。基礎計算の取り組みは、弱点補強にとどめます。

○この機会に4月からの個人記録を子どもに渡しておくようにしましょう。これもエクセルで簡単にできます。

◎目標を設定する

◎苦手克服の練習を子どもたちで

中学受験を終ったころを見はからって

学力づくりを通して学級づくりを行います
グループで練習をしたり、特訓したりして苦手を克服させます

量の単位のしくみ

これまで学んできた長さ、重さ、面積、体積の単位について統一的に学習し、単位の全体像がわかるようにします。でも、単位の換算を苦手に思う子は多いので、できるようになるコツをきちんと教えましょう。

すすめ方

単位を変える２つのコツを教える

教　師：１m²は、１cm²の何倍ですか？
子ども：？？え～っと……？
教　師：単位を変えるコツは２つあります。
１つ目のコツです。これを覚えましょう。
「キロキロとヘクとデカけたメートルが、デシに追われてセンチミリミリ」
イメージは、「きょろきょろしながら、メートルさんがヘクさんと出か（デカ）けたけれど、弟子（デシ）に追いかけられてセンチ（昔の言葉でトイレを表すせっちんが変化したもの）に逃げ込んだけれどあまりの重すぎたのでトイレがメリメリ（ミリミリ）いっている」です。
２つ目のコツは、

- 面積は、縦×横だから、長さが10倍になると10×10で100倍になる。
- 体積は、縦×横×高さだから、10×10×10で1000倍になる。

これも覚えましょう。これでバッチリです。

ポイント・工夫

単位を変える２つのコツを使って

１m²は、１cm²の何倍でしょうか？コツ1を使って、cmがmになるには、「メートルがデシに追われてセンチ…」だから、100倍になります。次にコツ2を使って、面積は縦×横だから100倍の100倍だから、10000倍になります。

まとめや次への見通し

○このコツ１やコツ２は、最後のまとめに教えるよりも、早めに教えて問題ごとに活用させましょう。「苦手だったけど、これならできそう」と早めに感じさせることで学習意欲が出ます。

◎量の単位の覚え方

コツ１

	キロキロと	ヘクと	デカけた	メートルが	デシに追われて	センチ	ミリミリ
表記	k	h	da	(m)	d	c	mm
倍	1000	100	10	1	$\frac{1}{10}$	$\frac{1}{100}$	$\frac{1}{1000}$

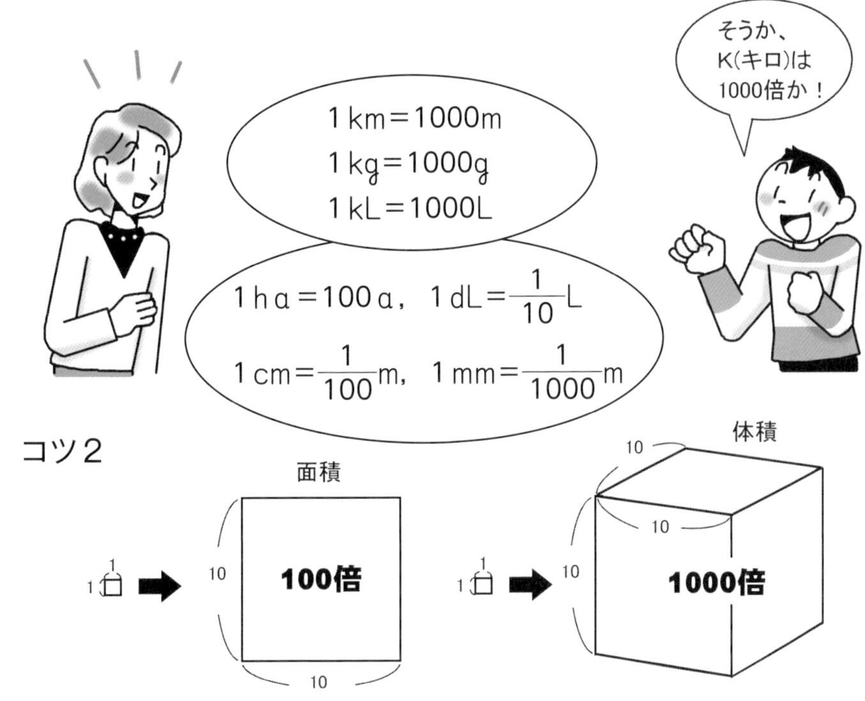

コツ２

面積　1□ → 10×10　100倍

体積　1□ → 10×10×10　1000倍

1 m²は1 cm²の何倍？

〈コツ１〉

1 mは100cm

(m)	c
1	$\frac{1}{100}$

〈コツ２〉

面積＝縦×横

100×100＝10000

10000倍

予習の指導◎中学に向けて

算数が6年間のまとめに入るこの時期を使って、予習のやり方を指導しておくと、中学への移行がスムーズです。これまでに一通り習ったことばかりなので、予習もやりやすいのです。

すすめ方
美しい予習ノートをめざす

○まずは全員で

子どもたちのほとんどは「予習ってなに？」状態です。次の日に学習するところを、前もって勉強しておくことなのだと、確認して、一度算数の授業中に一斉指導でやってみましょう。

○ひと通りやってみる

教科書の問題をひと通り、式と答えを書いてやってみます。時間に余裕があれば、やり方の説明も記入します。よくわからなかった部分には赤線を入れるなど、自分の課題が一目でわかるようなノート指導をします。

○わかりにくかったところを一斉指導する

予習ノートは全員朝提出させて、赤線の箇所を確認するという作業もしなければなりません。多くの子どもが赤線を入れている部分について、次の時間に一斉指導をして理解を深めさせていきます。これを2・3回くり返した後、家庭学習の課題にしていきます。

ポイント・工夫
進度は計画的に

家庭学習の課題として予習をさせるので、範囲を限定する必要があります。教師は授業計画にそのことを折りこんで進度調整をします。

まとめや次への見通し

○自分のわからないところを見つめるという作業は、客観的に自分を見るということでもあります。卒業制作や、文集づくり、卒業式の実行委員会などで、あわただしいなかでも落ち着いて学習に取り組める1つの大事な要素になります。

◎予習の指導

子どもの予習ノート

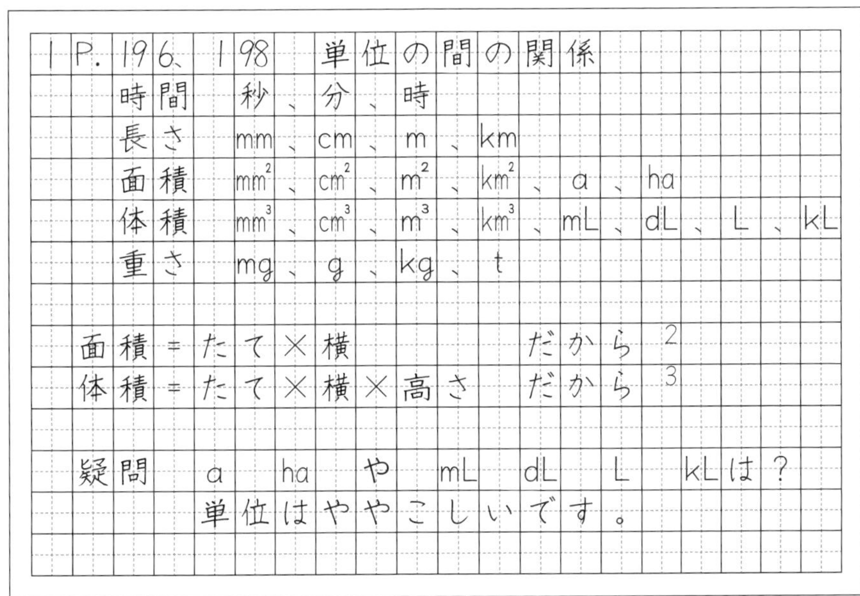
1 P.196、198 単位の間の関係
時間 秒、分、時
長さ mm、cm、m、km
面積 mm^2、cm^2、m^2、km^2、a、ha
体積 mm^3、cm^3、m^3、km^3、mL、dL、L、kL
重さ mg、g、kg、t

面積＝たて×横 だから 2
体積＝たて×横×高さ だから 3

疑問 a ha や mL dL L kL は？
単位はややこしいです。

学年百人一首大会

年末年始は、私学受験や卒業を控えて、子どもたちの気持ちが不安定になりがちです。２学期から取り組んだ百人一首の源平戦を学年行事として取り組ませることで、気持ちよく３学期のスタートをきらせましょう。

すすめ方
試合形式で進める

○独自の秘密練習で学級づくりを

私学受験などで、ふわふわしていた子どもたちも試験がすんで落ち着いてきます。秋口から百人一首をまじめに練習していた、強豪の子どもたちに指南役を任せて、学級ごとに練習時間を取ります。

○百首対戦は、２対２か３対３で

百首全部で対戦するとなると、体育館のスペースに限りがありますから、２～３人組でトーナメント戦にすると短時間で終わります。大会を１回だけでなく、２回、３回と学級対抗戦にすれば、リベンジの機会があるので、懸命に練習する姿が見られます。

○組み合わせも子どもたちと相談する

ふだんの学級での対戦では、ペアもくじで決めたりしていましたが、学級対抗となると、学級会などの時間をとって、子どもたちの考えも聞き、納得できるペアになるように相談して決めます。そのときも、男女混合を基本にすることをお忘れなく。

ポイント・工夫
表彰式は盛大に

盛大に表彰式を行います。個人（２～３人組）賞と学級賞を設けると、練習にも熱が入ります。学級賞は「１回戦で勝ち上がった組が一番多かったで賞」など楽しいものをつくりましょう。できれば校長先生に表彰してもらいましょう。

まとめや次への見通し

○１か月に１度ずつ、１月、２月、３月と実施すれば、練習していなかった子どもたちも必死でがんばる姿が見られるようになります。１つのブームをつくっていきましょう。そのことでうまく思春期の扉を開けられる子もいます。

体育館などで百人一首大会

◎１クラス32名として、男女のペア16チーム
体育館などで行う、3クラスなら48チーム
手札は1チーム50枚ずつ、読み手は教師
３回試合を行う（勝者と勝者、敗者と敗者）
試合の結果は、３勝、２勝１敗、１勝２敗、３敗のいずれかで、
２勝以上の数が多いクラスが勝ち

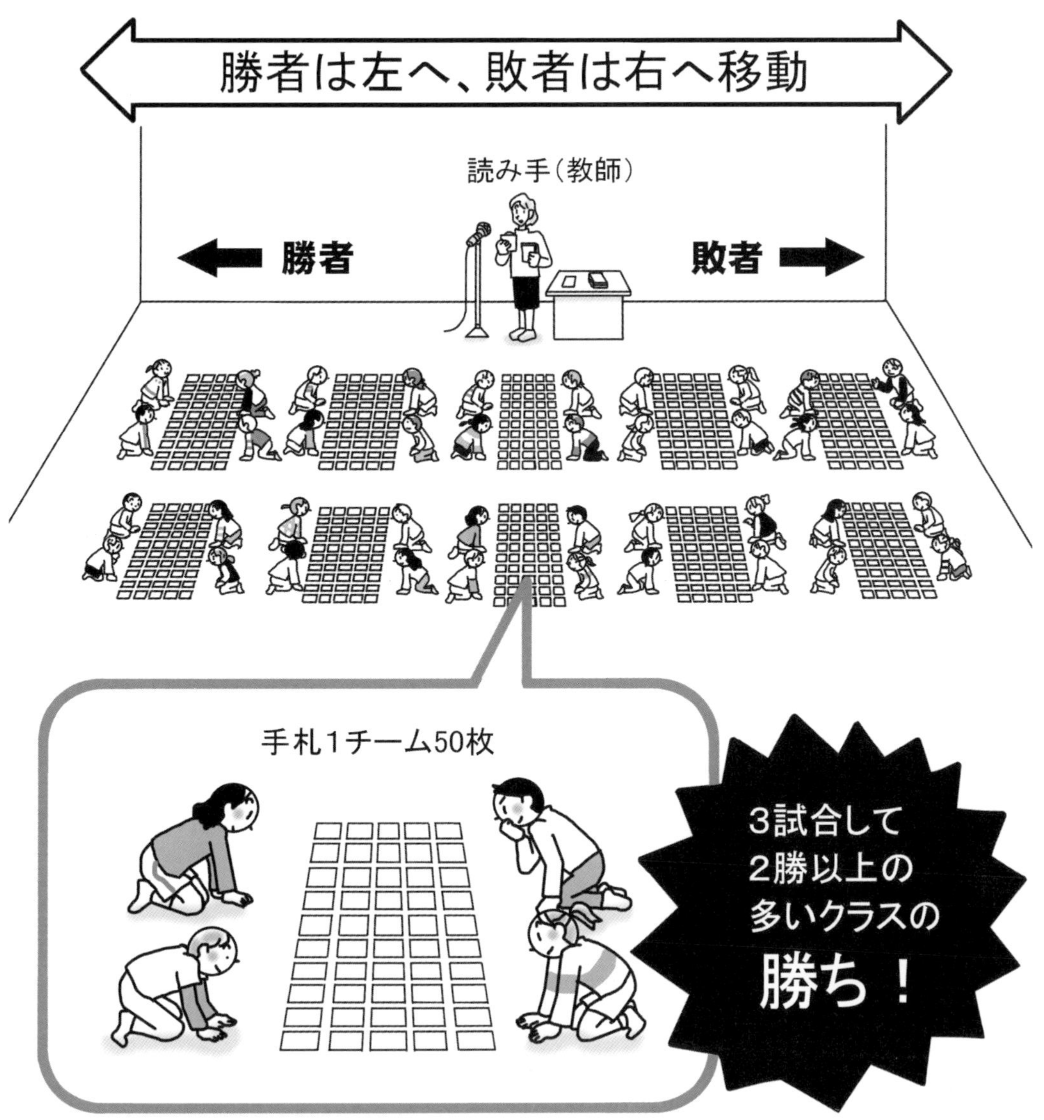

1月・学級づくり

大縄大会◎学年・学校行事として

大縄大会をこの時期にする学校がたくさんあります。その練習を利用して、学級づくりを見直す機会にしましょう。学校行事にできると、最高学年としてプライドをもたせることができます。

すすめ方 種目の選定は学年ごとで

○学年ごとにちがう種目で

できれば児童会などで企画・運営をさせます。６年生の子どもたちは学年に配慮した提案をさせましょう。たとえば、大縄をまわして

- 低学年……１人が３分間で何回跳べるか
- 中学年……１人１回跳びで次の人が続き、連続何回跳べるか
- 高学年……Wダッチで何回跳べるか

○練習は毎日短時間で

大縄跳びは、毎日根気づよく練習すれば、どのクラスでもレベルが上っていきます。練習に対するモチベーションをどれだけ持続させられるかが、クラスづくりに直結していきます。体育の時間の一部、休み時間の最初５分と限定して、続けていけるようにします。

○チーム編成も子どもたちと相談

得意な子と苦手な子を組み合わせる、男女混合にするなども、この学年なら相談して決めることができます。

ポイント・工夫 表彰式は盛大に

結果発表だけで終わってしまいがちな行事ですが、パソコンクラブなどに頼んで、表彰状も豪華なものを作成してもらって、翌週の児童集会で盛大に表彰式をすると、大いに盛り上がります。

まとめや次への見通し

○卒業まで３か月を切ったこの時期、寒いのと何となく気分が重苦しいのとで、なかなか積極的に運動しないものです。大縄大会のために、一丸となって練習することで、体力づくりもできます。

◎子ども主体で企画・運営させる

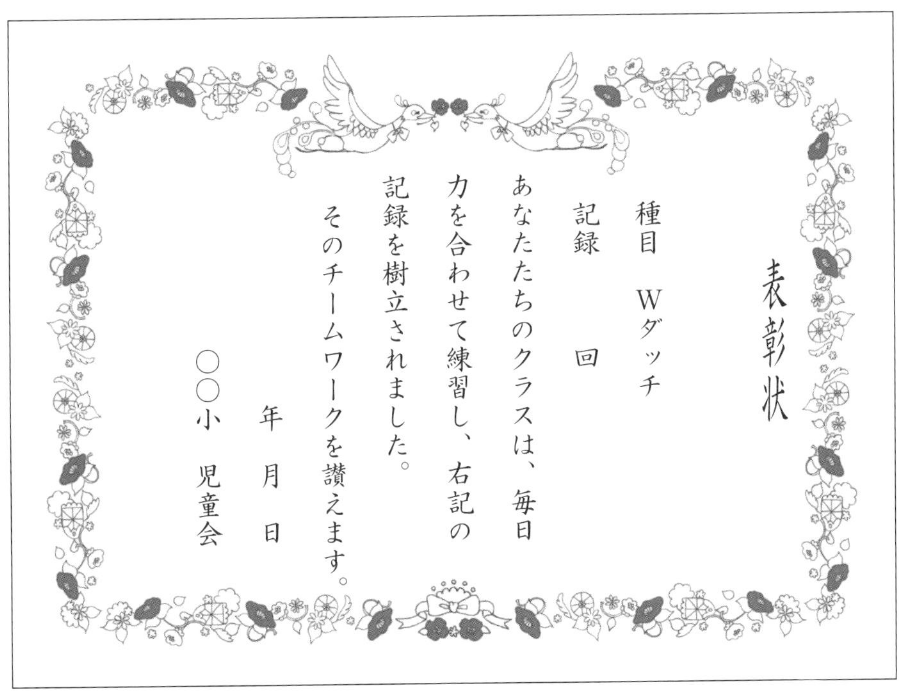

表彰状

種目　Wダッチ
記録　　回

あなたたちのクラスは、毎日力を合わせて練習し、右記の記録を樹立されました。
そのチームワークを讃えます。

年　月　日

○○小　児童会

◎どの子も楽しめる取り組みに

学級でのお祝い会では

子ども一人ひとりが主人公の卒業式
式歌の指導

卒業式で会場に響く６年生の歌声は、主人公の子どもたちだけでなく、臨席の保護者、来賓、教師たちの胸にも言葉では形容できない熱いものを想起させます。卒業式のクライマックスといってもよいでしょう。

選曲は慎重かつ早めがベスト

卒業式で披露する歌は、子どもたちにとっては最後の晴れ姿になるものです。選曲とその指導は、変声期を迎えている子どもへの歌唱指導であるということも考えて、慎重にしなければなりません。

アレンジ次第で歌いやすくなる曲もあります。難易度の低い順でいえば、次のようなものでしょう。

- マイバラード
- そのままの君で
- 旅立ちの日に

○秋口から聞かせておく

卒業式実行委員会ができるのは、学校によりますが、修学旅行が終わったころの10～11月でしょう。そこでそれまでに担任が候補としている曲を聞かせておきます。給食のとき、休み時間などに流しておくと、耳からメロディとリズムが入っていくので、指導も楽になります。

卒業式当日を見越した指導

○変声期の男子には

低い声だからとアルトパートに入れることがよくありますが、それよりも、変声期の男子にはメロディを１オクターブ下げてメロディを歌わせる方が、迫力が出るし、本人たちも思い切り歌えてやりきった感がもてます。

その場合は、立つ位置も考えて、変声期の子どもどうしを集めてやると、思いきって声が出せます。

○当日は音が下がるので当たり前

音楽会ではすばらしい歌声を響かせた子どもたちでも、卒業式では音が下がっています。

「これが最後のステージ。緊張して声が出ないかもしれないし、音が下がるかもしれません。でも、あなたたちならそれに耐えて歌いきることができます。自分の力を信じてステージに上がりなさい」と、３月に入るといい続け、暗示をかけていきます。

緊張、寒さ、泣き崩れているなどなどの理由で、だんだんと音が下がっていくのです。それを見越して、練習を進めます。

音が下がる部分は、少し小さ目の声で歌うように指導しておくと、それほどハーモニーに崩れが出ません。

また、アルトパートの子どもの人選もポイントです。気丈な子ども、ドライな子どもを選んでおけば、支えて歌いきることができます。

２月末には最終確定をする

最後のステージだからと、少し背伸びして選んだ曲がどうもうまくいかないときは、難しいパートを省いて、斉唱の部分を増やすというような決断も必要です。

２月末には最終確定をして歌いこんでいかないと、式当日には間に合わないと考えておきましょう。

式歌の練習で何よりも大事にしたいのは、美しさよりも、歌詞の意味を伝えようとする気持ちなのだということを、練習の折にふれ何度もくり返して話して聞かせましょう。

文集作成◎ Wordを使って

ローマ字入力に慣れてきている子どもたちですから、卒業文集もWordで清書するように指導します。パソコンを使えば、校正や推敲がたいへん簡単にできるので、子どもたちも意欲的に取り組むことができます。

すすめ方
毎日コツコツと入力させる

○設定済みの個人ページに入力させる

下書きは原稿用紙にさせて、推敲や校正を赤字で入れたものを入力していきます。個人ページは印刷業者とあらかじめ打ち合わせをして、写真のスペース、作文のスペースを設定したものを使います。

○毎日１時間ずつ

２月になると、卒業制作や式歌の練習などで、細切れにしか時間が取れません。また、あまり長い時間パソコンのモニターを見せることもおすすめできませんから、毎日１時間の入力時間を設定します。

○終わった順に教師は校正とチェックを

下書きの段階で校正はすんでいるとはいうものの、子どもの入力したものですから、ミスやまちがいもあります。完成したものから、再度、主語述語が整っているか、句読点の位置は正しいかなどを教師がチェックします。

ポイント・工夫
部分修正でOK、書き直す必要なし

手書きの方が味がある、という意見もまだまだ多いですが、卒業まぎわの総復習の時期に、文集原稿の誤字脱字のために何回も清書し直すよりは、Word入力で時間を短縮して、他の教科や卒業式の練習に時間をあてる方が望ましいでしょう。

まとめや次への見通し

○校正が簡単だというだけでなく、規格がそろっているため、印刷と製本にかかる時間が短縮できます。また、費用の点でも、データを渡すということで、かなり安くできます。

将来の夢

〇〇 〇〇

私の将来の夢は薬剤師になることです。

薬剤師になりたい理由は、いろいろな薬を調合していろんな薬を発見していろいろな人がちょっとでも楽になるように助けてあげたいと思ったからです。例えば、熱を出した大人や子供にそれにあった薬をあげて助けてあげたいです。自分の力で人を助けてあげるなんてすごいと思います。

そのためには、医学の道に進みたいなと思います。医学の道に進んだら、たくさん勉強して、薬剤師の免許をもらえるようにがんばりたいです。とるためには、いろいろな試練をのりこえないといけないけどがんばってせいいっぱい努力をしたいです。

もしなれたら、薬についていろんな研究をして、いつかみんなに

「すごいやこの薬よくきいた。」

などと言われるようになりたいです。

将来の夢

〇〇 〇〇

私の将来の夢は、洋服のデザイナーになることです。

私が洋服のデザイナーになりたい理由は、何かを作るのが好きだし、いろいろな服をお店で見るのが好きなので、いつも服を見るときは、「こんなかわいい服を作るデザイナーになりたい」と思っていました。私は、ずっと洋服を作る人にすごくあこがれていました。

私は、ずっと何か一つに集中した事があまりなかったので洋服のデザイナーにならなれるかなぁと自分で思ったからです。

私は、洋服のデザイナーになるには、自分のセンスと服を着る人に合わせる事と絵を上手に書けないといけないと思います。

私は、洋服のデザイナーの仕事につけたら、今までにないデザインを作ってみたいし、自分のお店を作ってみたいです。少しでも有名なデザイナーになりたいです。みんなが私が作った服を着てくれたらいいなと思いました。

漢字総復習１◎漢字プリントを使って

小学校で習った漢字1006文字の総復習をします。これまでリズム漢字の書き取りをしてきたのと同じ方法で、問題を総復習に切り替えます。やり方は10月以降のシステム（92ページ）と同じなので、子どもたちの負担感も少なくてすみます。

すすめ方

音読→書き取りの順で

○４年生の問題から

「リズム漢字」は６年生からでしたが、今度は４年生からはじめます。これも１月に「リズム漢字」で復習したばかりで、記憶に新しいからです。

○まずは例文をクラス全体で音読練習

音読ができないのに、書き取りはできません。総復習の問題文は４・５・６年で50行×３学年＝150行あります。この量をスラスラ音読するには、クラス全体で練習することも必要です。個人任せ、家庭学習任せにしていたのでは、苦手な子どもは練習しようとはしません。

○音読できるようになったら書き取りを

原稿用紙を解答用紙として使います。１行20文字分、これがちょうどの長さです。原稿用紙も、パソコンでプリントアウトすれば、マス目の大きさも自由に変えられます。細かい文字が読み取りにくい子どもがいる場合は、大きいマス目ものを準備しましょう。

ポイント・工夫

合格証の作成と発行

４年生、５年生、６年生と進んでいきます。学年ごとに合格証のバージョンを変えて作成しましょう。リズム漢字のテストでは、何度合格してもシールを出していましたが、総復習は一度合格したらそれで終わりとします。

まとめや次への見通し

○この時期の６年生はしなければならないことが山積みです。残課題をこなす時間を確保するためにも、一度の合格でＯＫとします。全員の合格をめざす取り組みについては132ページに。

4年

漢字テスト1

□の中に漢字を書きましょう。

月　日　名前　　点　（1つ4点）

①老人は、□(よ)…
②直□(けい)の大…
③□□□(しけんかん)…
④名札には、…
⑤発熱で五人…
⑥通信司令室…
⑦□(おっと)は、祝…
⑧胃や腸は□…
⑨□□(ときょう)走に…
⑩□(ちょ)金には…

4年

漢字テスト2

□の中に漢字を書きましょう。

月　日　名前　　点　（1つ4点）

⑪合唱をした仲間は□□(さいてい)のできだと泣いた。
⑫□□(ねんがん)通り、□□(きぼう)の学校に受かった。
⑬海辺の自然□□(かんさつ)の記録が完成した。
⑭□□(きせつ)によって野菜の産地が変わる。
⑮訓読みを□□(じてん)で調べた。
⑯□(ぎょ)業協同組合は冷とう□(か)車に魚□(るい)を積んだ。
⑰その自□(ち)体は、何百□(おく)円もの借金がある。
⑱友達の□□(しっぱい)を□(わら)い、反省している。
⑲□□(がいとう)に照らされた毒虫を殺した。
⑳借りた□□(ざいりょう)を順に両側に□(お)いた。

28

合格証

あなたは、小学校の全漢字1006文字のほとんどを読み&書きできるようになりました。ここにその努力を讃え、合格証を贈ります。

年　月

6年　組担任

2月・書き

2月危機をのりこえる

卒業まで秒読み態勢。フワフワと頼りない、浮かれた雰囲気を感じるのが2月危機です。6年生特有の「荒れ」は、見通しをもたせることでのりきりましょう。

すすめ方

中学に向けた学習を取り入れる

○まとめの学習も一斉指導で

算数は小学校での学習のまとめに入り、卒業文集の制作もします。ともすれば個別学習で進度に大きく差がついてしまいます。この時期こそ、授業の半分以上は一斉指導で、学習ルールの確認をしながら進める必要があります。

○百人一首大会でのりきる

フワフワした雰囲気を感じたら、2学期から取り組んできた百人一首の大会をスパイスとして使います。「中学で大会があるからね」と、いわれると進学に不安を感じていた子どもたちの気持ちも変わります。(詳細は88ページ・96ページ・118ページ)。

○予習ノートコンテストで

これも中学に向けての取り組みです。予習ノートの指導を教科ごとに進め、そのノートのコンテストを企画します。名前がわからないようにノートを開き、投票するだけです。15分もあればできます。(詳細は109ページ)

ポイント・工夫

カウントダウン日めくりの活用

卒業式の日から逆算して、登校日数分の日めくりをつくります。一人1枚ずつ、抱負を書いたものを目に着く場所に掲示しておきます。「あと○日　ノートをきれいにまとめる」と書いてあれば、緊張感をもって卒業に向かえます。

まとめや次への見通し

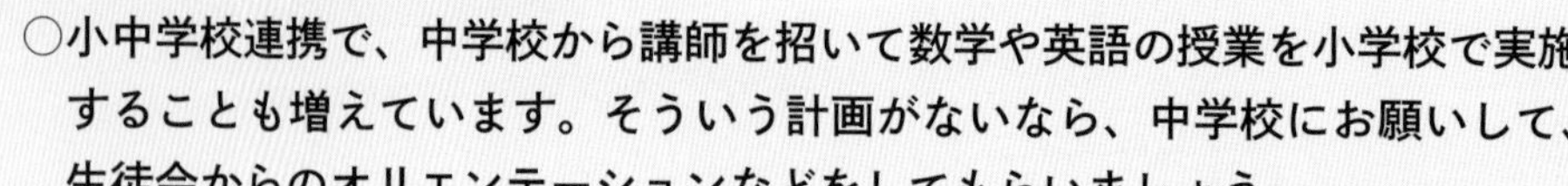

○小中学校連携で、中学校から講師を招いて数学や英語の授業を小学校で実施することも増えています。そういう計画がないなら、中学校にお願いして、生徒会からのオリエンテーションなどをしてもらいましょう。

この時期で一斉指導の時間が大切

◎卒業式までのカウントダウン日めくり

○２月のはじめからつくり、卒業式の日が最後となるように。
○クラスの人数で、卒業式の日から逆算してつくるのもよい。

日本国憲法前文暗唱◎プライドをもって

日本国憲法前文の暗唱は他の学年ではできません。歴史学習を終えたからこそ、憲法前文の価値がわかり暗唱することにも意欲的に取り組むことができるのです。最高学年のプライドをもって暗唱にチャレンジさせましょう。

すすめ方

スモールステップで

○一度視写してみる

大人でも難しい憲法前文です。音読と同時に、一度視写してみましょう。「この崇高な理想と目的を達成することを誓う」と書いてみたら、とてもかしこくなった気分にさせてくれます。

○少しずつ、音読＆暗唱をくり返す

一度に、２・３行ずつ、または１文ずつ、音読＆暗唱の練習をします。１文でも大半が漢字の熟語で書かれていますから、読み通すのもなかなか骨が折れます。聞いている教師も、事前にＣＤなどでよく聞いて慣れておく必要があります。

○内容理解におすすめの本

最近は口語訳の本、漫画の解説書、復刻本といろいろな「日本国憲法」と題した本が出ています。子どもたちに紹介するのもいいと思います。

ポイント・工夫

卒業生への最良のプレゼント

担任から卒業生への最良のプレゼントが、この日本国憲法前文暗唱です。大人になって、自分の生き方や社会のことを考える必要に直面したときに必ず役に立ちます。

まとめや次への見通し

○卒業式の前日に、この暗唱を全員で朗々として、式当日を迎えるというのが理想ですが、全員に暗唱というのが難しければ、分担するというのも１つの方法です。

日本国憲法　前文

日本国民は、正当に選挙された国会における代表者を通じて行動し、われらとわれらの子孫のために、諸国民との協和による成果と、わが国全土にわたって自由のもたらす恵沢を確保し、政府の行為によって再び戦争の惨禍が起ることのないようにすることを決意し、ここに主権が国民に存することを宣言し、この憲法を確定する。そもそも国政は、国民の厳粛な信託によるものであって、その権威は国民に由来し、その権力は国民の代表者がこれを行使し、その福利は国民がこれを享受する。これは人類普遍の原理であり、この憲法は、かかる原理に基づくものである。われらは、これに反する一切の憲法、法令及び詔勅を排除する。

日本国民は、恒久の平和を念願し、人間相互の関係を支配する崇高な理想を深く自覚するのであって、平和を愛する諸国民の公正と信義に信頼して、われらの安全と生存を保持しようと決意した。われらは、平和を維持し、専制と隷従、圧迫と偏狭を地上から永遠に除去しようと努めている国際社会において、名誉ある地位を占めたいと思う。われらは、全世界の国民が、ひとしく恐怖と欠乏から免れ、平和のうちに生存する権利を有することを確認する。

われらは、いずれの国家も、自国のことのみに専念して他国を無視してはならないのであって、政治道徳の法則は、普遍的なものであり、この法則に従うことは、自国の主権を維持し、他国と対等関係に立とうとする各国の責務であると信ずる。

日本国民は、国家の名誉にかけ、全力をあげてこの崇高な理想と目的を達成することを誓う。

漢字総復習２◎全員100点で卒業を

小学校で習った漢字1006文字の総仕上げです。いよいよ卒業までカウントダウンです。最後の仕上げになります。より多くの子どもたちに合格証が手渡しできるよう、時間の使い方を工夫します。

すすめ方

１日に２回、３回もあり

○朝→２時間目→帰りとくり返す

なかなか合格できない子どもの場合、練習が苦手で家庭では少しもやっていないことが多いのです。６年間に苦手意識のかたまりのようになっていますから、他の子どもと同じペースでは合格しません。朝→２時間目→帰り、というように、１日に複数回以上のテストをします。こうすることで合格率を上げていきます。

○その日のうちに合格を

同じ問題を何回してもかまいません。「今日は４年の６番」というように、目標を明示して、何回もテストをして合格させてしまいます。ときには、採点したばかりのテストを「よく見て、覚えましたか」と言葉かけをして、その直後に再テストということもします。家庭に帰れば、練習はしないのですから、テストそのものを練習と考えて、何度もくり返しましょう。

ポイント・工夫

卒業の記念に

合格証は担任からの卒業記念品です。小学校の漢字1006文字が読み書きできれば、公立高校の入試はクリアできるといわれています。高いハードルですが、６年担任からのプレゼントとして、励ましつつ合格をめざさせましょう。

まとめや次への見通し

○４年生の漢字、５年生の漢字、６年生の漢字と、全員合格の日には、給食の牛乳で乾杯して盛大にお祝いをしましょう。これも、卒業前の楽しい思い出になること請け合いです。

①朝
おはよう
ございます
今日はこれです
②休み時間
朝合格しなかった
人、再テストです
他の人、じゃましない
ように出て行って
ください
次こそ！
③下校時
まだです！
残りなさい
合格してから帰りましょう
はい、合格です！
合格証
やった～！

1　月　日　なまえ（　　　　　）

★次の計算をしましょう。（1つ10点）

① $3+5=$

② $8+6=$

③ $7+7=$

④ $9+0=$

⑤ $6-2=$

⑥ $10-8=$

⑦ $15-7=$

⑧ $6+1+3=$

⑨ $9-2-5=$

⑩ $10-3+2=$

2　月　日　名前（　　　　　）

★次の計算をしましょう。（1つ10点・計70点）

① $57+9=$

② $76+7=$

③ $240+50=$

④ $\begin{array}{r} 18 \\ +\ 76 \\ \hline \end{array}$

⑤ $\begin{array}{r} 72 \\ -\ 54 \\ \hline \end{array}$

⑥ $6\times 8=$

⑦ $9\times 7=$

★次の計算を筆算でしましょう。（1つ10点・計30点）

⑧ $96+27$

＋

⑨ $135-78$

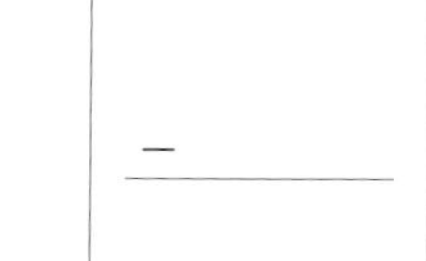

⑩ $105-67$

－

3　月　日　名前（　　　　　　）

★次の計算をしましょう。（1つ10点）

①
```
  3229
+ 1279
```

②
```
  1000
-  247
```

③ $16 \times 5 =$

④ $40 \times 8 =$

⑤ $28 \div 7 =$

商を整数で求め、あまりを出しましょう。

⑥ $41 \div 6 =$　…

⑦
```
  274
×   7
```

⑧
```
  463
×  75
```

⑨
```
  4.9
+ 5.6
```

⑩ $1 - \frac{2}{3} =$

4　月　日　名前（　　　　　　）

★筆算に直して計算しましょう。（1つ10点・計20点）

① 4.56 + 6

② 4 − 2.14

★次の計算をしましょう。（1つ10点・計80点）

③ $4 + 3 \times 2 =$

④ $\frac{3}{7} + 4\frac{2}{7} =$

⑤ $1\frac{6}{7} - \frac{2}{7} =$

⑥ 4)823（あまりももとめましょう）

□ あまり □

⑦ 42)252

⑧ 18)428（あまりももとめましょう）

□ あまり □

⑨
```
  3.4
× 2 9
```

⑧ 18)10.8　わりきれるまで計算しましょう。

5　　月　　日　　名前（　　　　　　　）

★商を分数で表しましょう。（10点）

① $3 \div 7 =$

★次の分数と小数の計算をしましょう。（1つ10点・計90点）

② $\frac{2}{6} + \frac{2}{6} =$

③ $1 - \frac{4}{9} =$

④ 1.9×4.8

⑤ $4.9 \div 7 =$

⑥ わりきれるまでわりましょう。

$2.5 \overline{)\,90}$

⑦ 商を$\frac{1}{10}$の位まで求め、あまりを出しましょう。

$3.9 \overline{)\,65}$

⑧ 商を四捨五入で$\frac{1}{10}$の位までのがい数で表しましょう。

$6.7 \overline{)\,27.8}$

⑨ $\frac{1}{9} + \frac{2}{6}$

$=$

⑩ $\frac{6}{10} - \frac{1}{6}$

$=$

6　　月　　日　　名前（　　　　　　　）

★次の計算をしましょう。（1つ10点・計100点）

① $\frac{2}{5} \times \frac{3}{7} =$

② $\frac{5}{9} \times \frac{3}{4} =$

③ $1\frac{2}{3} \times 1\frac{1}{5} =$

④ $\frac{3}{7} \div \frac{5}{6} =$

⑤ $12 \div \frac{3}{8} =$

⑥ $4\frac{2}{3} \div 1\frac{1}{5} =$

⑦ $3 \div 1\frac{2}{5} \div 1\frac{2}{7} =$

⑧ $1\frac{1}{3} + \frac{3}{8} \div 2\frac{1}{4} =$

⑨ $3\frac{1}{3} \div 9 \times 3.6 =$

⑩ $\frac{2}{7} \times \left(\frac{1}{3} + \frac{1}{4}\right) =$

年　組　名前（　　　　　）

かんじ5

★——のところを　漢字に　直しましょう。

1 ひさしぶり
2 ささえる
3 したをかむ
4 ほけん
5 おうえん
6 じっさいにやる
7 せいせき
8 ふくすう
9 えんそう
10 えいがのけん
11 たがやす
12 てきせつなしょち
13 ぼうふうう
14 てぶくろをあむ
15 あずける
16 たいど
17 いきおい
18 かまえる
19 えいせいほうそう
20 じょうむいん

1 2 3 4 5 6 7 8 9 10

11 12 13 14 15 16 17 18 19 20

年　組　名前（　　　　　）

かんじ6

★——のところを　漢字に　直しましょう。

1 （ひこうきを）そうじゅうする
2 ゆうびんポスト
3 みんしゅう
4 さいばん
5 こくもつ
6 けいさつ
7 かいだん
8 ぎろん
9 ぎもん
10 はげしい
11 たんけんする
12 むずかしい
13 しゅうしょく（しごとにつく）
14 えんそう
15 （オーケストラの）しきしゃ
16 てっこう（をゆしゅつする）
17 にほんこくけんぽう
18 ないかくそうりだいじん
19 ゆうしょうチーム
20 おがむ

1 2 3 4 5 6 7 8 9 10

11 12 13 14 15 16 17 18 19 20

＊8　ぎろん　のぎは4年ですがむずかしいので入れています

計算ずもう(けいさん)（　　　　）算場所(さんばしょ)

年　組　名前（　　　　　　）

	初日	二日目	三日目	四日目	五日目
日付（曜日）	月　日（　）	月　日（　）	月　日（　）	月　日（　）	月　日（　）
タイム 分　秒 点数（　　）	分　秒 （　　）	分　秒 （　　）	分　秒 （　　）	分　秒 （　　）	分　秒 （　　）
勝ち負け					
	六日目	七日目	八日目	九日目	十日目
日付（曜日）	月　日（　）	月　日（　）	月　日（　）	月　日（　）	月　日（　）
タイム 分　秒 点数（　　）	分　秒 （　　）	分　秒 （　　）	分　秒 （　　）	分　秒 （　　）	分　秒 （　　）
勝ち負け					

勝ち…○
負け…×
同じ…△

記録(きろく)：　勝(しょう)　敗(はい)　分(わけ)　休(やすみ)

100マス計算（　　）　　　　月　　日

名前

分　　秒

とく点

100わり計算（C型）50 ①

名前

① 61÷7＝　…
② 11÷8＝　…
③ 21÷9＝　…
④ 52÷6＝　…
⑤ 50÷8＝　…
⑥ 44÷9＝　…
⑦ 12÷7＝　…
⑧ 32÷9＝　…
⑨ 40÷6＝　…
⑩ 62÷8＝　…
⑪ 80÷9＝　…
⑫ 52÷7＝　…
⑬ 40÷9＝　…
⑭ 21÷8＝　…
⑮ 10÷4＝　…
⑯ 20÷7＝　…
⑰ 61÷9＝　…
⑱ 52÷8＝　…
⑲ 17÷9＝　…
⑳ 22÷6＝　…
㉑ 34÷9＝　…
㉒ 10÷7＝　…
㉓ 30÷4＝　…
㉔ 70÷9＝　…
㉕ 13÷8＝　…
㉖ 33÷7＝　…
㉗ 11÷9＝　…
㉘ 31÷4＝　…
㉙ 23÷8＝　…
㉚ 10÷6＝　…
㉛ 23÷9＝　…
㉜ 40÷7＝　…
㉝ 51÷9＝　…
㉞ 70÷8＝　…
㉟ 51÷7＝　…
㊱ 60÷8＝　…
㊲ 25÷9＝　…
㊳ 20÷6＝　…
㊴ 15÷9＝　…
㊵ 31÷8＝　…
㊶ 11÷3＝　…
㊷ 42÷9＝　…
㊸ 55÷7＝　…
㊹ 50÷6＝　…
㊺ 30÷9＝　…
㊻ 15÷8＝　…
㊼ 53÷9＝　…
㊽ 31÷7＝　…
㊾ 54÷8＝　…
㊿ 13÷9＝　…

（　　分　　秒）

最小公倍数は連除法であざやかに

〔4，6〕なら九九でパッとできますが、少し大きい数のときには連除法を使います。〔18，24〕を例に、最小公倍数を求めます。

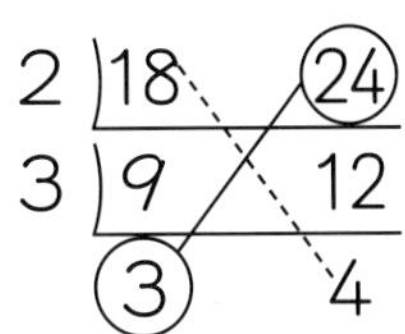

$$\frac{5}{18}+\frac{7}{24}=\frac{20}{72}+\frac{21}{72}=\frac{41}{72}$$

2)18 24
3)9 12
3 4

最小公倍数　3 ×24＝72

4 ×18＝72

６でわってももちろんかまいませんが、素数でわるのが基本です。

氏名＿＿＿＿＿＿＿＿

)26 6　　)6 16　　)10 4　　)8 22

)18 4　　)4 6　　)6 32　　)10 14

)16 10　　)12 14　　)4 22　　)50 4

)10 6　　)4 34　　)30 4　　)6 20

6年　学級懇談会資料

どの子もやさしく・かしこく・しなやかに

◎クラス・子どもたちのようすから…

(1)　6年生は特別な学年

①　学校の顔…委員会・クラブ活動・児童会・運動会の中心

②　中学校で十分力を発揮できるように、6年間の総仕上げをする

③　知的関心の高まり～歴史学習、宇宙、科学

④　意外に早い学力回復　～その気になること

⑤　ポイントは、いかに端的に話し心地よく行動させるか。くどさはNG

⑥　子どもの人格を尊重し、内面の自由を保障。行動の問題点だけを指摘

(2)　学習で大切なこと

●6年間の総仕上げをして中学校へ

①　「さかのぼり学習」で小学校の漢字・計算の力を揺るぎないものに

②　漢字・熟語の習得

・語彙を増やす

③　算数の理解、計算の習熟

・混合計算

・速さ、比

④　音読・読書に親しむ

・いろんなジャンルの本を

⑤　話す・聞く力を伸ばす

・大事にしたい話し合い活動

⑥　知識のネットワークづくり

・歴史学習、理科

⑦　しなやかな体

※　主な行事

5月　　日～　　日　　家庭訪問

6月　　日　日曜参観

9月　　日　運動会

６年　学級懇談会資料

中学校の学習をこなすための学力の指標 20

（滋賀県・杉浦和彦氏による）

①　教育漢字90％を読み、80％を書くことができる。

②　適度な速さと大きさでノートに文字を書くことができる。

　速さの目安（１分間に約30字）

　大きさの目安（８mmマスの中に漢字10　平仮名８　カタカナ・英字・数字７）

③　主語・述語がわかり、助詞が使い分けられる。

④　動詞・名詞・形容詞を見分けることができる。

⑤　ローマ字（ヘボン式）の読み書きができる。

⑥　国語辞典・漢和辞典を使い未知の語句を調べることができる。

⑦　あるがままの事実を時間的経過をたどって書き綴ることができる。

⑧　一定の分量の話を整理し人に伝言できる。

⑨　いくつかの詩歌・ことわざを暗唱した経験と使ったことがある。

⑩　名作と言われる文学・伝記・科学的読み物を年に２冊は読んだ経験がある。

⑪　四則計算がよどみなくできる。

⑫　基本的な単位換算ができる。（時間・距離・重さ・長さ・面積・かさ）

　１日＝24時間、１時間＝60分、１分＝60秒、１km＝1000m、１m＝100cm

　１cm＝10mm、１L＝10dL＝1000mL（cc、cm）、１t＝1000kg

　１m^2＝10000cm^2、１a＝100m^2、１ha＝100a＝10000m^2、１km^2＝100万m^2

⑬　基本的な図形（三角形・四角形・円・平行・垂直・直角）が見わけられる。

⑭　時間・距離の目測や概算ができる。

⑮　割合（比・歩合・百分率）の意味がわかる。

⑯　地図の上で東西南北をたどり、簡単な略図を描いて道案内ができる。

⑰　47都道府県の位置関係がはっきりし、日本列島がおおよそ描ける。

⑱　代表的な世界の国々の位置が予想できる。

⑲　学習用具（定規・コンパス・色鉛筆・はさみ　など）の使い方に習熟している。

⑳　家庭学習（最低１時間）が習慣となっている。

著者紹介

岸本　ひとみ（きしとも　ひとみ）
兵庫県公立小学校教諭
『算数進度の悩みを解消！　ロケット算数』（フォーラム・A）
『新任教師からできる奇跡の学級づくり』（共著、フォーラム・A）
『算数習熟プリント３年　中・上級』（清風堂書店）
学力の基礎をきたえどの子も伸ばす研究会 事務局長

学力の基礎をきたえどの子も伸ばす研究会（＝学力研）

1985年岸本裕史代表委員を中心に「学力の基礎をきたえ落ちこぼれをなくす研究会（＝落ち研）」として発足、2001年に現名称に改称。

発足以来、すべての子どもに「読み書き計算」を中軸とした確かな学力をつける実践の研究と普及に取り組んできた。近年、子どもと保護者の信頼をつかむ授業づくりや学級づくりの研究も進めてきている。

常任委員長　図書啓展
事務局　〒675－0032　兵庫県加古川市加古川町備後178-1-2-102　岸本ひとみ方
FAX　0794－26－5133

全国に広がる学力研 検索

図解　授業・学級経営に成功する
６年生の基礎学力ー無理なくできる12か月プラン

2016年４月20日　初版　第１刷発行

監修者　学力の基礎をきたえどの子も伸ばす研究会
著　者　岸本　ひとみ ⓒ
発行者　面屋　龍延
発行所　フォーラム･A

〒530-0056　大阪市北区兎我野町15-13
電話　(06)6365-5606
FAX　(06)6365-5607
http://foruma.co.jp/
振替　00970-3-127184
制作編集担当･蒔田司郎

カバーデザインークリエイティブ・コンセプト／イラストー斉木のりこ
印刷ー(株)関西共同印刷所／製本ー立花製本
ISBN978-4-89428-840-9　C0037